빛깔있는 책들 ●●●
281

태극기

글·그림 | 나정태

대원사

1950년 9월 28일 서울 수복, 중앙청에 게양되는 태극기

태극기

저자 소개

글 · 그림 | 나정태(화가)

국전(대한민국 미술 대전) 등 여러 공모전에서 다수
입상하였으며, 300여 회의 단체전과 프랑스 · 미국 ·
일본 · 중국 등 해외 전시도 하였다.
안중근 의사의 정신을 받들어 역사의 태극기를 그려
발표하게 되었으며, 〈역사의 태극기전〉을 서울 · 강
원도 양구군 · 의정부 경민대 · 성남시 누리홀 등에서
가졌다.
대표 작품으로는 〈십장생도(청와대, 박정희 대통령)〉,
현 청와대 대접견실의 십장생 벽화, 독립기념관 벽화
등 다수가 있고, 저서로는『민화 그리기』가 있다.
태극기 박물관을 기획, 추진 중에 있으며, 전업화가
로 활동하고 있다.

차 례

이응준 태극기(1882)   1882년 5월 14일, 이응준이 미국 함정 스와타라(SWATARA) 호에서 만든 태극기이다. 이 태극기는 그해 5월 22일, 인천 제물포에서 열린 조미(朝 · 美)수호통상조약 조인식에서 사용하였다. 1882년 7월, 미 해군성 발행 도록 『해상국가들의 깃발』에 수록된 것으로, 태극기를 배에 사용하는 '선적기'라고 하였다. 태극은 청색이 좌측, 적색이 우측에 자리 잡고 있으며, 4괘는 현재 태극기의 좌우가 바뀐 형태이다. 이 태극기를 우리나라 최초의 태극기로 보고 있다. (윤형원 발굴, 발표)

주이 태극기(1884, 53.0×36.0㎝, 미국 스미스소니언 박물관 소장)
1883년 조선에 온 미국 공사 푸트(Lucius H. Foote)를 수행했던 주이(Pierre Louis Jouy)가 1884년에
입수하여 미국으로 가져간 것으로, 현전하는 가장 오래된 태극기이다.

뉴욕 월도프 아스토리아 호텔 게양 태극기(등록문화재 제381호, 일제강점기, 국회기록보존소 소장) 1942년 이승만 박사가 뉴욕 월도프 아스토리아 호텔에서 한국독립 만찬회를 열 때 사용했다고 알려진 태극기이다. 미국에서의 태극기 제작 및 항일독립운동사 연구 자료로 가치가 크다.

데니(O.N.Denny) 태극기(등록문화재 제382호, 대한제국시대, 국립중앙박물관 소장) 고종의 외교 고문을 지낸 미국인 데니가 1890년 5월 미국으로 가져갔던 태극기로, 1981년 6월 윌리엄 롤스턴(William.C. Ralston)이 기증하였다. 현재 우리나라에 남아 있는 태극기 중 가장 오래된 태극기이다.

미 해병대원 버스비어(A.W.Busbea) 기증 태극기(등록문화재 제383호, 하남시 소장) 미 해병대 출신 버스비어가 한국전쟁 당시 우리 시민에게서 받아 전쟁 기간 동안 군용 트럭에 꽂고 다니다 귀국 시 가져가 보관한 태극기이다.

동덕여자의숙 태극기 (등록문화재 제384호, 대한제국시대, 학교법인 동덕여학단 소장) 1908년 동덕여자의숙 개교와 함께 교정에 게양되었던 태극기로, 학교의 정신적 지주 역할을 하였다. 재료나 바느질법 등에서 시대성을 볼 수 있다.

태극기 목판(등록문화재 제385호, 일제강점기, 독립기념관 소장)　태극기를 찍어내기 위해 목재에 4괘와 태극 문양을 새긴 목판으로, 희귀할 뿐만 아니라 당시 태극기의 제작 기법과 상황을 알 수 있다.

남상락(南相洛) 자수 태극기(등록문화재 제386호., 일제강점기, 독립기념관 소장)
독립운동가 남상락이 1919년 4월 4일 독립만세운동에 사용하기 위하여 부인과 함께 자수를 놓아 만든 희귀한 태극기이다.

'대한독립만세' 태극기(등록문화재 제387호, 일제강점기, 독립기념관 소장)   가늘고 긴 삼각형 형태의 깃발 속에 제작된 태극기이다. 미국에서 광복 전에 제작된 것으로 추정되며, 미국에서의 독립운동 관련 태극기 변천사 연구의 귀중한 자료이다.

김구(金九) 서명문 태극기(등록문화재 제388호, 일제강점기, 독립기념관 소장)   대한민국 임시정부 주석 김구 선생이 1941년에 중국에서 미국으로 가는 매우사(梅雨絲, 미우스 오그) 신부에게 준 태극기이다. 광복군에 대한 우리 동포들의 지원을 당부한 김구 선생의 친필 묵서가 쓰여있다.

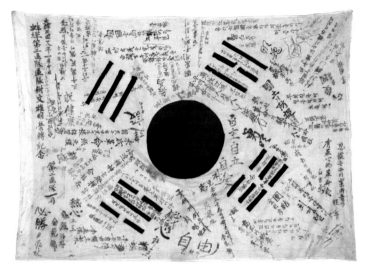

한국광복군 서명문 태극기(등록문화재 제389호, 일제강점기, 독립기념관 소장) 광복군 제3지대 2구대에서 활동하던 문웅명(일명 문수열)이 간직한 태극기이다. 바탕에 나라사랑과 자유에 대한 군건한 열망이 담긴 결의를 다지는 글귀와 서명이 빼곡하다.

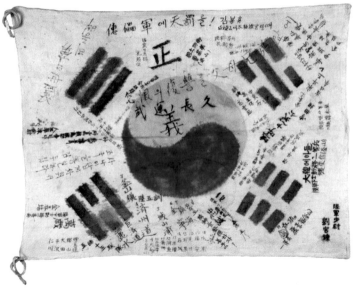

유관종(劉官鍾) 부대원 태극기(등록문화재 제390호, 독립기념관 소장) 유관종 소위가 1950년 10월 초, 호남 지구 진격작전 시 사용한 태극기이다. 바탕에 무운장구를 염원하는 글귀와 서명, 지명이 기록되어 있어 당시의 전투 경로 등을 알 수 있다.

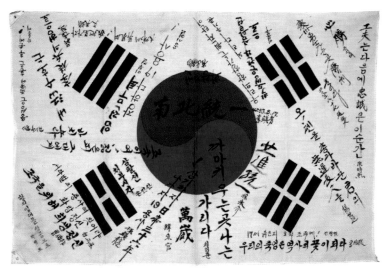

경주 학도병 서명문 태극기(등록문화재 제391호, 독립기념관 소장) 한국전쟁 당시 경주에서 자원한 학병 19용사 등이 출정 전에 태극기에 각자 소감을 적고 서명한 태극기로, 학도병들의 굳은 의지와 각오가 나타나 있다.

건국법정대학 학도병 서명문 태극기(등록문화재 제392호, 독립기념관 소장) 1950년 9월 1일, 제3차 학도병 자원 시 부산의 건국법정대학 법률과 학생이 주축이 되어 서명한 태극기로, 학도병들이 조국을 위해 몸 바칠 것을 맹세하고 생사를 넘나드는 전쟁터에서도 고이 간직해 온 태극기이다.

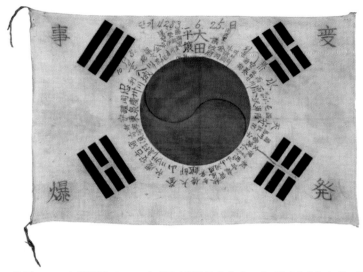

이철희(李鐵熙) '사변폭발(事變爆發)' 태극기(등록문화재 제393호, 독립기념관 소장) 한국
전쟁 당시 특무상사 이철희의 태극기이다. 국군의 애국정신과 투철한 군인정신이 생생하게
나타나 있고, 치열했던 남·북의 진군 경로 등이 기록되어 있다.

불원복(不遠復) 태극기(등록문화재 제394호, 대한제국시대, 고영준 소장) 조선 말, 전남 구례 일대에서
활약한 의병장 고광순이 사용한 것으로 알려진 태극기이다. 머지않아 국권을 회복한다는 '不遠復' 글자
가 수놓아져 있다.

대한민국 임시 의정원 태극기(등록문화재 제395-1, 일제강점기, 대한민국역사박물관 소장) 마직물에 4괘와 태극 문양의 음방과 양방을 오려서 정교하게 박음질한 태극기이다. 벽면 부착용인 듯 좌측 상단과 하단, 중간 상단과 하단에 묶음 줄이 있다. 제작 연대는 1923년으로 추정된다.

대한민국 임시 의정원 태극기(등록문화재 제395-2, 일제강점기, 대한민국역사박물관 소장) 대한민국 임시 의정원 의장과 대한민국 임시 정부 국무위원 등을 역임한 김붕준(金朋濬) 일가가 소장하고 있는 태극기 3점은 부인인 노영재가 1940년대를 전후하여 제작한 것으로, 대한민국 임시 정부 정부공보 제75호(대한민단 24년 8월 20일)에 게시된 태극기와 유사한 형태이다.

진관사 소장 태극기(등록문화재 제458호, 일제강점기, 진관사 소장) 2009년 5월, 서울시 은평구 소재 진관사(津寬寺) 칠성각(七星閣) 해체 보수 과정 중 내부 불단과 벽체 사이에서 발견된 태극기이다. 독립신문류도 함께 발견되었는데, 발행일자가 1919년 6월~12월 사이에 분포하는 것으로 보아 1919년 3·1운동을 기점으로 진관사에서 활동하던 스님이 독립운동에 가담하며 확보한 자료로 추정된다.

명신여학교 태극기(등록문화재 제468호, 대한제국시대, 숙명여자고등학교 소장) 1906년 5월, 순헌황귀비 엄씨가 설립한 명신여학교(明新女學校)의 설립 초기 교사 자료 중 하나로, 교육사적 가치가 큰 유물이다. '明新女學校'라는 묵서와 함께 4괘와 태극 문양을 틀로 찍어내는 기법으로 제작, 당시로는 흔하지 않은 물감을 사용한 태극기이다. 교육 현장에서 발견된 최초의 태극기로, 4괘의 배치가 특이하다.

강릉 선교장 소장 태극기(등록문화재 제648호, 선교장 소장) 강릉 지방 청소년
들 대상으로 근대 지식 보급과 인재 양성 목적으로 설립한 동진학교에 민족의 정체
성 상징이었던 태극기를 손수 제작하여 사용하였던 것으로 추정되는 태극기이다.

어기(御旗)와 깃발

　임금은 나라의 상징이며 얼굴이다. 임금은 감히 똑바로 쳐다볼 수도 없는 아주 귀중한 존재로 신성한 힘을 지닌 상서로운 상상의 동물 '용'에 비유되었다. 그래서 임금이 앉는 의자를 '용상', 임금의 얼굴을 '용안'이라고 하여 '용'은 곧 '임금'을 상징했다.

　국기가 없던 시기에는 임금의 존재를 나타내는 깃발로 '황룡기'를 사용하였다. 임금이 선조들의 왕릉을 참배하거나 행궁을 갈 때에는 반드시 황룡기를 앞세워 임금의 행차임을 알렸다. 임금이 군대를 사열할 때에는 청룡기를 내걸었다.

　조선시대는 깃발의 나라라고 불릴 만큼 많은 깃발이 있었다. 군대에서는 최고 지휘자인 장수(將帥)를 상징하는 '수(帥)자기'를, 성에서는 성곽마다 검은 바탕에 '영(令)' 자를 써 넣은 '영자기'를 사용하였다. 그 외에 좌독기, 고조기, 팔괘기, 팔풍기, 순시기, 오성기 등 많은 깃발이 있었다.

　깃발은 헝겊이나 종이에 글자, 그림, 부호 등을 잘 보이도록 그리거나 써서 특정한 표상을 나타내는 것으로, 단순한 천 조각이 아니라 권력과 위상을 상징하기도 한다. 따라서 깃발은 우리 조상들의 삶에 깊이 관여한 물건이다. 깃발 그림에는 용·호랑이·사신도·말·해와 달·별·태극 등의 도형·산수·신선이 주로 등장하며, 다섯 방위를 상징하는 오방색(청색, 황색, 적색, 백색, 흑색)이 주로 사용되었다.

1871년 6월 11일 신미양요 때 어재연 장군이 이끄는 조선 수군은 강화도 광성진에서 로저스 제독의 미 해군과 전투를 벌였다. 미 해군은 무차별 함포 사격으로 해안 진지를 초토화시킨 후 상륙작전을 감행했다. 어재연 장군이 진두지휘하는 조선군 600여 명은 육박전으로 항전하였으나 350여 명이 죽고 20명이 부상을 입었다. 미군은 전사자 3명, 부상자 10명에 불과했다. 애초부터 싸움이 되지 않는 전투였다.

광성보를 점령한 미 해군은 광성보에 휘날리던 '수(帥) 깃발'을 내리고 미국 국기인 성조기를 내걸었다. 광성보에 성조기가 펄럭이면서 강화도가 함락되었음을 세상에 알렸다. 미 해군은 전리품으로 수(帥) 깃발을 탈취해 갔다. 이 깃발은 '수(帥)' 자가 쓰인 가로 4.15m, 세로 4.35m의 대형 깃발로, 삼베로 만들었다고 한다. 이 깃발은 구한말의 대표적인 '수(帥)자기(진중이나 영문의 뜰에 세우는 대장의 군기)'로, 국내에도 희귀한 군사 자료이다. 이 장수기는 미국 메릴랜드 주 애나폴리스 해군사관학교 박물관에 보관되어 있다가 136년 만에 대한민국에 장기 임대 형식으로 보내져 전시되고 있다.

조선왕진기(朝鮮王陳旗) 이 깃발은 1592년 임진왜란 때 왜군이 약탈해 간 조선왕진기. '왕진기'는 조선 국왕의 군대가 전투에 나갈 때 진지에 꽂아두는 깃발이다. 길이 1m 80cm, 너비 80cm 크기에 자수 문양이 정교하다.

정해년의 궁중 잔치를 그린 〈정해진찬도(丁亥進饌圖, 1887)〉에는 왕의 상징 '황룡기'가 보인다.

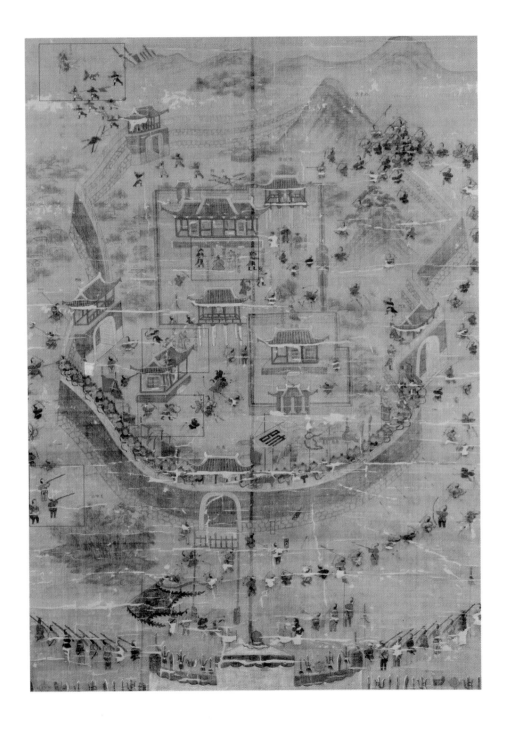

동래부순절도(東萊府殉節圖)　　1592년(선조 25년) 4월 15일 동래성에서 왜군의 침략을 받아 싸우다 순절한 송상현 이하 군민들의 항전 내용을 그린 기록화로, 1834년 4월 동래부천총이었던 변곤이 그렸다. 성을 지키는 장수와 군사들 뒤로 '수(帥)자기'가 보인다.

신미양요(1871, 미국 군함 콜로라도 호 선상의 위병하사) 미국이 조선 정부와 통상 교섭을
벌였으나 여의치 않아 강화도에서 전쟁을 벌인 사건이다. 미군이 이 전투에서 노획한 '수
(帥)자기(성을 지키는 장수의 상징)' 앞에서 위병하사와 맥레인 틸턴(Mclane Tilton) 대령
이 서 있는 장면이다.

좌독기(坐纛旗) '좌독기'는 군기(軍旗)의 하나로, 행진할 때 주장(主將 : 장수 중 우두머리)의 앞에 세우고 멈추면 장대(將臺 : 군사를 지휘하는 사람이 올라서서 명령하던 돌로 쌓은 대)의 앞 왼편에 세웠다. 장방형의 기폭 한가운데에 태극, 그 둘레에 8괘, 그 둘레에 낙서를 그린 큰 기이다.

좌독기

고초기(高招旗) '고초기'는 군대를 지휘하고 호령할 때에 쓰던 군기(軍旗)의 하나로, 길을 가르거나 합치는 신호로 사용했던 기이며, '고조기(高照旗)'라고도 한다. 기면이 다섯 개로 동(東), 서(西), 남(南), 북(北), 중앙(中央)의 다섯 방위(方位)에 따라 청, 백, 적, 흑, 황색의 바탕에 8괘(八卦)를 그렸다. 기미(旗尾)는 상생지리(相生之理)를 따라 푸른 바탕은 붉은빛, 흰 바탕은 검은빛, 붉은 바탕은 누른빛, 검은 바탕은 푸른빛, 누른 바탕은 흰빛으로 하였다.

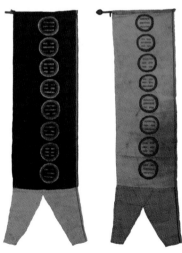

흑고초기   백고초기

태극기의 탄생

1881년 9월 4일, 충청도 관찰사 이종원(李悰遠)이 고종 황제께 태극기에 대한 장계를 올렸다. 국기에 대한 필요성은 1876년 일본 군함 운양함(雲揚艦)에서부터 그 발단이 되었다. 일본 국기를 단 외국 배를 공격한 일로 인해 분쟁이 일어나 결국은 강화도 조일수호조약(朝 · 日 修好條約, 강화조약(江華條約))을 체결하였다.

1876년 조약 이후 답방으로 수신사 김기수(金綺秀) 일행이 일본을 방문하였고, 이후 1880년에는 김홍집(金弘集) 일행이 수신사로 일본을 방문하였다. 1881년에는 신사유람단으로 유길준(兪吉濬, 1856~1914) 일행이 일본을 방문, 유길준은 남아 유학을 하고 그 이듬해에 돌아왔다.

1882년은 미국과 조미(朝 · 美)수호통상조약을 맺은 해이다. 당시 역관인 이응준(李應俊, 1832~?)은 5월 14~22일 사이에 미국 함정 스와타라(SWATARA) 호 안에서 국기를 만들었다. 이 국기는 그해 5월 22일, 제물포에서 열린 조미(朝 · 美)수호통상조약 조인식에서 성조기와 함께 나란히 게양되었다. 1882년 9월, 수신사 박영효(朴泳孝, 1861~1939) 일행은 일본을 방문하러 가는 도중 이응준 태극기를 토대로 배에서 직접 태극기 3점을 그려 그 중 한 점을 모국 고종 임금에게 보냈다.

1882년 조미수호통상조약 체결 후 1883년, 공사 푸트(L. H. Foote)가 내한하자 이에 대한 답례와 양국 간 친선을 위하여 사절을 파견하였다. 우리나라 최초로 미국에 파견된 사절단 '보빙사(報聘使)'는 민영익(閔泳翊), 홍영식(洪英植), 서광범(徐光範), 유길준(兪吉濬), 고영철(高永喆), 변수(邊燧), 현홍택(玄興澤), 최경석(崔景錫) 등과 중국인 오례당(吳禮堂), 일본인 미야오카(宮岡恒次郎), 미국인 로웰(Lowell, P.) 등 모두 11명이다. 그 중 유길준은 국비장학생으로 미국에 남아 갑신정변 발발 때까지 유학하였다. 그의 자필 원고 「상회규칙(商會規則)」(1882년 12월 27일)에는 태극기 도형을 그려 놓은 기록이 있다.

1883년 3월 6일, 조선 정부는 조선 국기를 공식 반포하였다. 우리나라 태극기는 1881년 이종원으로부터 1882년 이응준, 박영효, 유길준에 의해 1883년 3월 6일, 드디어 국기로서 공식화된 것이다.

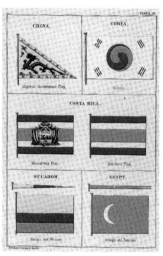

이응준 태극기　1882년 5월 14일, 이응준이 미국 함정 스와타라(SWATARA) 호에서 만든 태극기이다. 이 태극기는 그해 5월 22일, 인천 제물포에서 열린 조미(朝·美)수호통상조약 조인식에서 사용하였다. 1882년 7월, 미 해군성 발행 도록『해상국가들의 깃발』에 수록된 태극기이다.

박영효 태극기　영국 국립문서보관소 소장 문서에 실려 있는 태극기로, 박영효가 만든 것으로 추정한다. 1882년 9월, 박영효는 일본에 수신사로 가는 도중 영국인 선장과 논의 끝에 만든 태극기로 대·중·소 3개를 만들어 그 중 작은 태극기를 고종 임금께 보냈다.

유길준 태극기 미국에 보빙사로
간 유길준이 1882년 12월 27일, 자
필 원고 「상회규칙(商會規則)」에
그려 놓은 태극기이다.

1882년형 태극기(90×90cm)이
다. 비단 바탕에 태극과 괘는
채색 천을 덧대어 손바느질하
였다. 태극 테두리를 끈사로 한
땀 한 땀 꿰맨 정성을 다한 태
극기이다. (나정태 소장)

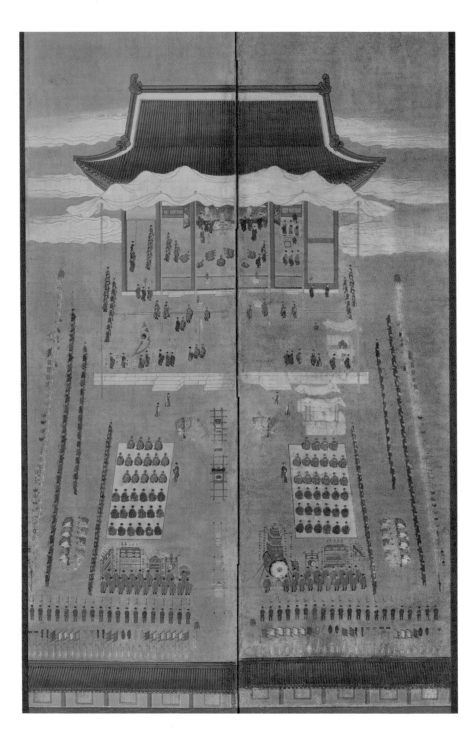

신축진찬도병풍(辛丑進饌圖屏風, 1901년 5월) 1901년 광무 5년에 제작된 이 병풍에는 황룡기 자리에 태극기가 있다. 〈신축진찬도〉는 헌종의 계비 명헌태후의 71세를 기념하는 잔치를 그린 것으로, 당시 궁중행사의 모습을 엿볼 수 있다.

1883년 태극기를 국기로 반포한 이후의 기록화에는 황룡기 대신 태극기가 나타난다. 반포 당시의 태극기는 정사각형 바탕에 황색, 즉 금빛이었다. 1901년 궁중기록화 〈신축진찬도〉에 나타난 태극기 또한 바탕이 황색이다. 1901년 7월 고종 황제의 오순을 기념하여 거행된 진연을 그린 8폭 병풍 〈신축진연도병풍〉과 1902년 11월 고종의 즉위 40주년을 축하하기 위해 경운궁에서 거행한 궁중행사도인 〈임인진연도병풍〉에도 황색 바탕의 태극기가 나타나 있다.

대한민국 국기, '태극기'

　우리나라 이름은 '단군 조선'이요, '고려'요, '조선'이요, 지금도 영어로는 '코리아(KOREA)'이다. '대한민국(大韓民國)'이란 국호(國號)는 1919년 중국 상하이 임시 정부 때 탄생한 이름이다.

　1910년 8월 29일 대한제국(大韓帝國) 때 일본에 나라를 빼앗겼다. 나라 잃은 잔인한 36년, 뼈를 깎는 1만 3천126일의 암울한 시간이 흐르고 1945년 8월 15일 해방되어 나라를 되찾았다. 해방의 기쁨도 잠시, 1950년 남과 북이 38선을 사이에 두고 나라가 둘로 갈렸다. 1948년 이승만 대통령이 단독으로 남한 정부를 수립하니 북한 김일성 정부는 그 동안 사용해 오던 태극기 대신 인공기를 만들었다. 백범 김구 선생의 죽음을 각오한 통일 염원이 끝내 수포로 돌아갔다.

　1948년 8월 15일 대한민국 정부가 수립된 후 이승만 대통령은 1949년 1월 4일 국기의 규격과 도식의 통일을 지시하였다. 이에 따라 1월 14일 국기시정위원회를 열고 각계에서 위원 후보를 추천받아 2월 3일 42명의 위원을 선정·위촉하였다.

　국기시정위원회는 역사적 근거가 있는 태극기를 조사하였다. 이때 제1도 '구 왕궁 소장안', 제2도 '군정문교부안', 제3도 '우리 국기보양회안', 제4도 '이정혁 건의안' 등 4가지 태극기안을 채택하였다.

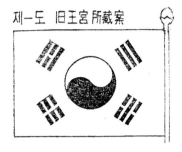

구 왕궁 소장안

군정문교부안

우리 국기보양회안

이정혁 건의안

독립문 의거안(독립문에 있던
태극기 원형에 의한 안)

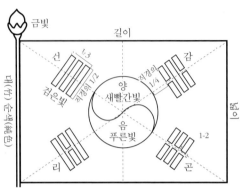

금빛

길이

대(竿) 순색(純色)

선

1/3

직경의 1/2

직경의 1/4

양
새빨간빛

음
푸른빛

감

1-2

리

곤

으뜸

1949년 10월 15일 공포한
대한민국 문교부 고시 제2호 '국기 제작법'

길이(가로) : 지름×3

지름×1/3
(깃면너비×1/4)

지름×1/3 (깃면너비×1/6)

지름×1/6×1/2 (깃면너비×1/16)

지름(깃면너비×1/2)

지름×1/4 (깃면너비×1/4)

지름×1/6 (깃면너비×1/12)

너비(세로) : 지름×2

지름×1/4 (깃면너비×1/4)

지름×1/6×1/4×1/4 (깃면너비×1/96)

지름×1/2 (깃면너비×1/4)

2010년 3월 공포한
대통령령 제20915호 '국기 제작법'

국기시정위원회는 처음 제시된 4개의 도안에 대한 주장이 강경하여 특별심사위원 12인을 구성, 1949년 2월 3일 제3도안 '우리 국기보양회안'으로 결정한다. 그러나 그해 2월 28일, '독립문 의거안'이 새로 나와 다시 열띤 토론 끝에 표결을 거쳐 제5도안으로 결정한다. 3월 25일, 제5도안이 역리상 맞지 않는다는 논란이 일어 표결을 통해 다시 제3도안 '우리 국기보양회안'으로 결정한다. 당시 국기봉은 연꽃봉오리였는데, 국화인 금색 무궁화꽃봉오리 모양으로 결정, 대통령의 재가를 받아 1949년 10월 15일 대한민국 문교부 고시 제2호 '국기 제작법'을 공포한다. 1950년 10월 25일 문교부 고시 제3호 '개정된 국기 제작법'을 공포, 2010년 3월 대통령령에 의해 '국기 제작법'을 공포함으로써 우리의 태극기는 제안과 토론을 거쳐 지금의 통일된 '대한민국 국기'로 완성되었다.

우리나라 태극기의 의미

태극기는 한 번 알아두면 평생 기억할 만큼 아주 쉬운 뜻과 도형으로 이루어져 있다.

태극기의 도형은 주역(周易)에서 비롯된 것이다. 주역의 뜻을 깊이 들여다보면 양의(兩義)로부터 4상(四象) 8괘(八卦)로 하여 64괘로 384효로 4천 608책으로 1만 1천 520책으로 하여 아주 복잡한 구조를 가지고 있다. 그러나 우리 태극기는 복잡한 것을 빼고 간추린 도형이다. 뜻도 아주 쉬운데, 어렵게 인식되었을 뿐이다.

태극이나 태극에 내포된 음양사상은 우리나라 고대의 문화유적이나 생활풍속을 통해서 잘 알 수 있다. 예를 들어 고구려 고분의 〈사신도(四神圖)〉나 특히 〈현무도(玄武圖)〉는 음양상화(陰陽相和)의 이치를 나타낸 것으로, 고대 민속에서 액(厄)막이 부적(符籍)으로 사용되어 왔다. 또 의학에서 병리 · 생리 등을 음성 · 양성으로 분류하는 '사상의학(四象醫學)'도 한 예이다. 따라서 중국에서 전래되기 이전부터 우리나라는 태극 도형, 음양사상을 일찍부터 이해하고 활용해 왔음을 알 수 있다.

태극기는 백색을 바탕으로 하여 중앙에 음(陰, 靑) · 양(陽, 紅)의 양의(兩儀)가 포함된 일원상(一圓相)의 태극이 있고, 네 귀[四維]에는 건

(乾)・곤(坤)・감(坎)・이(離)의 4괘(四卦)가 배치되어 있다. 태극기의 흰색 바탕은 밝음과 순수, 그리고 전통적으로 평화를 사랑하는 우리의 민족성을 나타내고 있다. 네 모서리의 4괘는 음과 양이 서로 변화하고 발전하는 모습을 효(爻 : 음(陰)－－, 양(陽) －)의 조합을 통해 구체적으로 나타낸 것이다. 그 가운데 건괘(乾卦)는 우주 만물 중에서 '하늘'을, 곤괘(坤卦)는 '땅'을, 감괘(坎卦)는 '물'을, 이괘(離卦)는 '불'을 각각 상징한다. 이들 4괘는 태극을 중심으로 통일의 조화를 이루고 있다.

이제 우리는 한자(漢字)의 음을 한글 소리로 읽는 '건, 곤, 감, 이'는 잊고, '하늘(HEAVEN, 건), 땅(EARTH, 곤), 물(WATER, 감), 불(FIRE, 이)'로 기억하기로 한다.

하늘(天, Heaven)　　우레(雷, Thunder)　　물(水, Water)　　산(山, Mountin)
건(乾)　　　　　진(震)　　　　　감(坎)　　　　　간(艮)

땅(地, Earth)　　바람(風, Wind)　　불(火, Fire)　　못(澤, Lake)
곤(坤)　　　　손(巽)　　　　이(離)　　　　태(兌)

8괘의 상징

● 태극, 우주의 생성 원리

태극은 태극기 중앙에 위치한다. 태극 문양은 음(陰 : 파랑)과 양(陽 : 빨강)의 조화를 상징하는 것으로, 우주 만물이 음양의 상호 작용에 의해 생성하고 발전한다는 대자연의 진리를 형상화한 것이다.

태극의 홍은 '양(陽)'이요, 청은 '음(陰)'으로, 우리나라 태극기의 태극은 '해(Sun)와 달(Moon)'을 뜻한다. 서양에서는 달력을 만들 때 해를 보고 만들었다. 그래서 서양 달력을 '양력(陽曆)'이라고 한다. 동양의 달력은 달을 보고 만들었다. 그래서 '음력(陰曆)'이라고 한다. 따라서 '음(陰)', '양(陽)'이라고 하기보다는 '해와 달'이 잘 어울리는 뜻이 된다.

創作朝鮮國旗說明
資質、黃色蒼色黑色三段으로써資質을定함
栗識 旭日과半月로써栗識을定함
色彩 青黃赤白黑五色을應用喜
象 徵理氣解說
資質解說
黃色地上에旭日을栗하고
獨陽과單陰은生化之道不道故로太陽之
對로半月

창작조선국기 설명문 태극기가 탄생하기 전 조선 시대 말경으로 추정되는 유물이다. '청(青)·황(黃)·적(赤)·백(白)·흑(黑)을 응용한다.' 함은 파랑·노랑·빨강·하양·검정을 말하는 것이며, 태극을 '욱일(旭日)과 반월(半月)'이라 함은 '둥근 해 아래 반달처럼 달을 넣으라'는 뜻이다. 태극기에 대한 귀중한 자료이다.

4괘, 창조에 의한 변화의 원리

☰, 하늘(HEAVEN)

태극 왼쪽 위에 위치하는 것으로 '건(乾)'이라고 하며, 이는 하늘(天, HEAVEN)로서 '정의'를 의미한다. 하늘에는 막대기가 3개 있다. 이 막대기 하나가 효(爻 : ─양(남자), ─ ─ 음(여자))이다. 막대기가 셋이 있으니 남자가 셋인 것이며, 강건한 성질이 있다.

☷, 땅(EARTH)

태극 왼쪽 상단 하늘(HEAVEN)의 대각선으로 오른쪽 아래의 괘를 '곤(坤)'이라고 하며, 땅(地, EARTH)으로서 '풍요'를 의미한다.

막대기가 끊어져 약간 벌어져 있으며 이렇게 두 개로 보이는 모양을 '음(여자, ─ ─)'이라고 한다. 여자는 옛날에 자손을 많이 낳아 잘 기르는 좋은 밭이라고 하였다. 밭은 곧 '땅'이다. 이 괘에는 여자가 셋이며, 온순한 성질이 있다.

☲, 불(FIRE)

태극 왼쪽 아래의 괘는 '이(離)'라고 하며, 불(火, FIRE)로서 '광명'을 의미한다. 남자(양, ─)가 둘이 있고 여자(음, ─ ─)가 하나이니, 그 관계가 뜨겁다. 이 괘는 붙는 성질이 있다.

☵, 물(WATER)

태극 오른쪽 위의 괘는 '감(坎)'이라고 하며, 물(水, WATER)로서

'지혜'를 의미한다. 언뜻 보아도 전서체(篆書體) '〲(물 수)' 자이다. 이 괘는 빠지는 성질이 있으며, 여자(음, －－) 둘에 남자(양, －)가 하나이다.

국기에 담긴 뜻

* 태극기의 바탕－백의민족, 순결 상징(백색으로 맑고 밝기 때문)
  → 평화
* 태극－우주의 생성 원리 → 창조
  · 음(청색)－달, 희망
  · 양(적색)－태양, 존귀
* 괘－창조에 의한 변화의 원리, 음양의 조화, 남녀의 조화
  (1) ☰ (건, 乾) → 정의
  (2) ☷ (곤, 坤) → 풍요
  (3) ☲ (이, 離) → 광명
  (4) ☵ (감, 坎) → 지혜
* 깃봉－국화(國花)와 무궁한 발전을 상징(무궁화 꽃봉오리 형태로 아래는 5조각의 꽃받침이 있고, 깃봉의 지름은 태극 지름의 1/5에 가깝다.)
* 깃대－굽힐 줄 모르는 절개와 끈질긴 힘 상징(대나무, 쇠 등 견고한 재질로써 대나무색으로 한다.)

태극기의 용도에 맞는 크기와 규격

국기의 종류	깃면의 세로	깃봉의 지름
1호－게양대, 식장용(대)	180cm	18cm
2호－게양대, 식장용(소)	140cm	14cm
3호－가정용(대)	100cm	10cm
4호－가정용(소)	70cm	7cm
5호－수기용(대)	30cm	3cm
6호－수기용(소)	20cm	2cm

태극기의 관리와 예절

태극기는 우리나라를 상징하며 대표하는 것으로, 바르게 관리해야 한다. 원형이나 색깔이 변하지 않고 더러워진 국기는 깨끗이 빨아 잘 접어서 국기함에 보관한다. 그러나 훼손된 경우에는 깨끗한 곳에서 태운다.

국기 게양식 및 강하식 등에서 애국가가 들리고 국기가 보일 때는 경례를 하며 예를 갖춘다. 국기가 보이더라도 창문이 있는 실내나 보이지 않으면 그 방향을 향해 경례하지는 않고 부동자세로 예의를 표한다.

> 참고
> * 국기 접기─기면의 세로를 두 번 접고 가로를 두 번 접는다.
> * 관에 국기를 덮을 때─관을 위에서 내려다볼 때 우상 부분에 '건'이 오도록 덮고, 영구와 함께 매장해서는 안 된다.

국기의 게양

국기 게양 일을 기준으로 전, 후 1일간은 기상 날씨와 주야에 관계없이 계속 게양할 수 있다.

1) 반기(조기) 게양─현충일, 국민장일, 국장 기간, 기타 정부가 따로 지정한 날 깃봉에서 기폭만큼 내려서 게양한다.

2) 교차 게양─단상을 향해 좌로 기운 깃대를 앞으로 하고 외국기와 교차 시에는 태극기를 앞으로 한다.

3) 기폭만 게양할 때 건의 위치는 단상을 향해 가로로 게양 시 좌상에, 세로로 게양 시 우상에 위치한다. 세로로 게양 시에는 주변 환경에 따라 기폭을 필요한 만큼 아래로 늘일 수 있다.

4) 외국기와 병립 게양 또는 기수단이 횡으로 정렬시 국기가 홀수일 경우는 중앙에, 짝수일 경우는 왼쪽에 위치하고, 기수단이 횡렬로 행진 시에는 왼쪽에, 일렬로 행진 시에는 무조건 맨 앞에 위치한다.

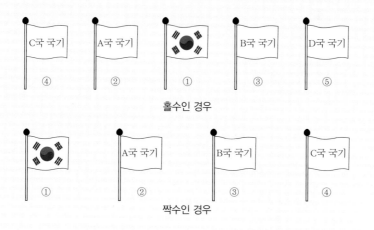

역사의 태극기

조선 말기~대한제국의 태극기 (1882~1910)

태극기, 나라의 상징이 되다

1882년은 태극기가 대한민국의 국기로 탄생한 해이다.

1882년 5월, 인천에서 체결된 조미(朝美)수호통상조약(조선과 미국과의 첫 외교 통상조약) 체결 당시 조선의 대표 신헌(申櫶), 김홍집(金弘集)의 수행원인 역관 이응준(李應俊)이 김홍집의 명(命)에 의해 처음 국기를 제작하였다고 한다. 그런데 당시 청나라의 특사로 파견된 마젠중(馬建忠)은, 조선은 청의 속국이라며 중국의 깃발 형식(중국 깃발은 장삼각형에 황룡이 들어가 있는 모양의 황룡기)을 따르라고 집요하게 강요하였다. 그러나 미국 전권특사 슈펠트(Robert W. Shufeldt)는 조선을 독립국으로 인정하려는 정책에 위배된다고 여겨 조선 대표에게 국기를 제정하여 사용할 것을 촉구하였다. 그리하여 김홍집의 명(命)에 의해 역관 이응준이 만든 태극기를 1882년 5월 14일, 미국 함정 스와타라(SWATARA) 호에 성조기와 함께 나란히 걸었다.

1882년 8월, 철종의 사위이며 조선의 개화에 앞장선 박영효는 그해 6월에 일어난 임오군란을 수습하기 위해 수신사 대표로 일본을 방문하게 되었다. 그는 일본으로 가기 전 고종 황제로부터 국기 제작의 권한을 위임받아 일본으로 가는 메이지마루(明治丸) 배 안에서 국기를 만들게 되었다. 박영효는 당시 상황을 일기형식의 기록물인 「사화기략(使和記略)」과 본국의 기무처에 보고한 글인 「송기무처서(送機務處書)」에 남겼다. 「송기무처서」에 의하면 박영효가 선상에서 미리 준비해온 태극 8괘도를 제시하며 영국 영사에게 도움을 요청하자 국기에 대해 잘 알고 있는 영국인 선장 제임스(James)를 소개해 주어 도움을 받게 되었다고 한다. 제임스는 태극 8괘의 도식은 색깔이 아름답지만 8괘의 분포가 조잡하고 불투명해 보이며, 각 나라가 본떠 만들기에도 불편하니 4괘만을 사용, 네 모퉁이에 그려 넣으면 아름다울 것이라는 조언을 하게 된다. 그리하여 박영효는 영국 선장 제임스와 여러 논의 끝에 국제 간에 사용할 우리나라 국기를 만들어 일본에서 사용하였다고 전한다.

　　이처럼 우리나라 태극기는 1882년에 만들어진 두 태극기를 두고 최초의 태극기에 대한 견해가 분분하다. 1882년 조미수호통상조약 조인식에 쓰이고, 1882년 7월 미해군성 발행 『해상국가들의 깃발(MARITIM NATIONS OF FLAGS)』에도 실린 이응준 태극기를 최초의 태극기(서지학자 윤형원, 2004년 1월 16일 발표)로 보는 견해와 1882년 10월 《시사신보》 일본 신문에 실린 박영효 태극기를 최초의 태극기(송명호, 2004년 1월 26일 발표)로 보는 견해가 있는데, 현재 이응준 태극기를 우리나라 최초의 태극기로 보고 있다.

1882년 조미수호통상조약 체결에 대한 답방으로 정부 대표 8명의 일행으로서 미국 보빙사(報聘使)로 미국에 다녀온 유길준은 1882년 12월 27일자『상회규칙(商會規則)』에 태극기를 그려 놓았다. 유길준 태극기는 직사각형인 박영효 태극기, 이응준 태극기와 달리 정사각형이라는 점이 특이하다. 1932년 발행한《내셔널 지오그래픽》잡지에, 일본에 속한 조선의 태극기가 나오는데, 여기에서도 정사각형 태극기를 싣고 있다.

1905년~1910년 대한제국의 멸망과 태극기의 수난

1905년 11월 18일, 대한제국은 '을사늑약(乙巳五條約)'으로 일본의 강압에 의해 외교권을 박탈당하고 일본 정부에 의해 감시 지휘권을 내준 조약이 체결됨으로써 서서히 막을 내리기 시작하였다. 그러나 이때까지만 해도 대한제국은 1910년 강제 합병으로 완전히 일본에 나라를 빼앗기기 전까지는 명목상 태극기와 일장기를 함께 사용하였다.

1905년 오늘날 초량역 부근의 경부선 기공식 기념사진에는 일장기와 태극기를 함께 걸었다. 또 1907년〈일진회〉가 일본 제국 황태자 다이쇼의 대한제국 방문을 기념해 서울 남대문 앞에 대형 아치를 세웠는데, 당시 사진에는 '일진회' 이름이 쓰여 있는 대형 아치 위에 태극기와 일장기가 교차해 있다. 당시 동원된 조선 백성들은 태극기를 손에 들고 환영 행사에 참여한 모습이다.〈일진회〉가 세운 아치 중간에 '받들어 맞이한다.'는 의미의 '봉영(奉迎)'이라는 문구와 함께 중앙에 일본 왕실을 상징하는 국화(國花)인 벚꽃 문양이 새겨져 있다. 이때까지도 일본에 완전히 병합된 것이 아니어서 태극기와 일장기를 함께 사용했다는 것을 알 수가 있다.

1907년 6월 24일, 네덜란드 헤이그 만국평화회의에서 이준·이상설·이위종은 1905년 을사늑약의 부당성과 그 조약을 무효화하겠다며 고종 황제의 밀사로 파견되었다. 그러나 자국의 이익을 앞세워 세계에서 식민지를 통치하려는 영국과 일본 정부의 방해 공작으로 인해 회의에는 참여조차 하지 못했다. 이에 삼의사는 호소문을 회의장 주변에 뿌리고 나눠 주면서 '을사늑약'의 부당성에 대해 세계 여러 나라에 호소하였다. 이준(李儁, 1858~1907) 열사는 회의장에 들어가지 못하게 되자 호텔에서 분함을 이기지 못하고 화병으로 순국하였으며, 이상설·이위종은 조국의 광복을 보지 못하고 세계를 떠도는 유랑인으로 생을 마감하였다. 일본은 이 사건의 배후가 고종 황제라면서 강제로 순종에게 양위하라고 압력을 넣었고, 결국 고종 황제는 이완용을 비롯한 친일파 내각에 의해 순종 황제에게 왕위를 이양하고는 덕수궁에 유폐되었다.

일본은 '한일신협약(정미 7조약)'을 체결하고는 행정의 모든 부분에서 통감의 지도와 승인을 받도록 하였다. 통감부는 '신문지법'과 '보안법' 등을 공포하여 언론 및 집회, 결사의 자유를 박탈하고 군대까지 해산시켜 결국 대한제국을 무력화시킨다.

1909년 일본은 내각 회의에서 한국을 완전히 식민지화하기로 의결하였으나 그해 10월, 이토 히로부미(伊藤博文) 저격 사건이 일어나 즉시 조선을 식민지화하려는 계획에 차질을 빚는다. 그러나 다음 해인 1910년, 현역 육군대장이었던 데라우치 마사타케(寺內正毅)를 통감으로 보내 헌병경찰제를 채택하는 등 본격적으로 대한제국 병탄에 박차를 가한다. 당시 한국인 경찰관 약 3천200명, 일본인 경찰관 약 2천 명, 일본인 헌병 약 2천 명, 한국인 헌병 보조원 약 4천 명, 일본군 2개 사단 등이 전국에 배치되었고, 데라우치는 이완용을 총리대신으로, 박제순을 내부대신으로 하는 내각을 구성한다.

데라우치는 1910년 8월 22일 형식상의 어전 회의를 개최하고, 이완용 내각이 한일합병의 결의안을 채택하도록 강요한다. 결의안이 채택된 후 일본은 조약 체결을 비밀에 부치고 원로대신들을 연금한 뒤, 8월 29일에 이른바 '한일 병합조약' 체결을 반포한다.

일본은 조선 총독부를 세우고 초대 총독에 데라우치를 임명하였다. 조선 총독은 일본 국왕에 직속되었고, 행정 · 입법 · 사법 · 군사 통수권 등의 권한을 모두 가진 존재였다. 이로써 대한제국은 일본의 식민지로 전락하게 되었으며, 이날 이후 태극기 대신 일장기가 조선 팔도에 휘날리게 되었다.

이응준 태극기(1882) 1882년 5월 14일, 이응준이 미국 함정 스와타라(SWATARA)호에서 만든 태극기이다. 이 태극기는 그해 5월 22일, 인천 제물포에서 열린 조미(朝美)수호통상조약 조인식에서 사용하였다. 1882년 7월, 미 해군성 발행 도록『해상국가들의 깃발』에 수록된 것으로, 이 태극기를 우리나라 최초의 태극기로 보고 있다. (윤형원 발굴, 발표)

주이 태극기(1884, 36.0×53.0㎝, 미국 스미스소니언 박물관 소장)
1883년 조선에 온 미국 공사 푸트(Lucius H. Foote)를 수행했던 주이(Pierre Louis Jouy)가 1884년에 입수하여 미국으로 가져간 것으로, 현전하는 가장 오래된 태극기이다.

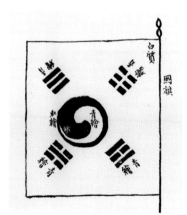

유길준 태극기(1882) 보빙사 유길준이 1882년 12월 27일자로 자신의 원고「상회규칙」에 그려 넣은 태극기이다.

최초의 우표 원도안(原圖案, 1884) 최초의 우편이 홍영식에 의해 창설되고, 첫 우표 인쇄를 외국에 맡겼다. 국내에서 보낸 원도안과 다르게 일본에서 인쇄하여 왔다.

일본 《시사신보》에 실린 태극기(1882)
태극기에 대한 최초의 기록으로, 1882년 10
월 2일자 일본 동경 발행 《시사신보》에 실
렸다(1997년 8월 15일 송명호 발굴, 발표).
당시 미국과 통상 협약을 체결하기 위해 일
본에 수신사로 갔던 박영효가 고종의 명을
받아 태극기를 그려 묵고 있던 숙소에 내건
것을 일본인 기자가 그려 신문에 게재한 것
이다. 태극기의 바탕에 '옥색(玉色)'이라 쓰
어 있고, 4괘는 동서남북을 뜻한 것이나 지
금 우리가 쓰고 있는 괘와 다르다. 태극기에
표기되어 있는 색을 채색 연구하여 표현, 괘
의 청색은 유길준의 「상회규칙」과 데니 태
극기를 참고하여 그렸다. (나정태 그림)

한철호 교수와 독립기념관이 공동 복원한
박영효 태극기(1882)   1882년 9월 25일
박영효가 수신사로 일본에 가는 도중 배에
서 만든 태극기이다. 독립기념관과 한철호
교수가 영국 국립문서보관소 소장 문서에
실려 있는 태극기를 공동 복원하여 발표하
였다.

데니 태극기(1890)   고종 황제의 외교 고
문으로 있던 미국인(O.N. Denny)에게 고
종 황제가 하사한 태극기이다. 1981년 6월
23일, 데니에게서 기증 받은 윌리엄 롤스턴
이 우리나라에 다시 기증하였다.

『통상약장유찬』의 대청속고려국기(1886,
고종 23)   1886년 청나라에서 조약 및 외
국 사신의 서한 등을 모아 엮은 『통상약장
유찬』이라는 책에 실려 있는 태극기 그림
이다. '대청속고려국기'는 '청나라에 속하
는 고려의 국기'란 뜻이다. 태극 속에 음중
양생 양중음생 조그마한 원이 있는데, 지금
태극기와 사뭇 다르다. (나정태 그림)

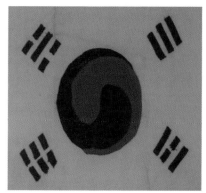

노블 태극기(1890)　우리나라에서 기독교 선교활동을 했던 미국인 목사 윌리엄 아서 노블(William Arthur Noble)이 소장하였던 것을 그의 손녀 엘렌 맥카스클이 보관하다가 2008년 8월 국립중앙박물관 '태극기전'에 대여해 준 조그마한 예쁜 태극기이다. 두 점 모두 천을 덧대어 박음질로 태극과 4괘를 만들었다.

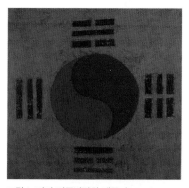

프랑스 파리 만국박람회 태극기(1900)　1900년 프랑스 파리 세계 만국박람회에서 사용한 태극기이다. 태극기 전체 모양이 십자(+)형 태극기로, 이국적인 느낌이다. (나정태 그림)

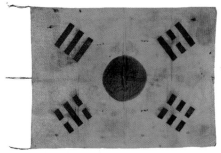

대한제국 통신원에 게양되었던 태극기(1900)　대한제국 통신원(통신과 우편 수송에 대한 관청)에 게양된 것으로 추정되는 태극기로, 대한제국 멸망 때 일본에 빼앗겼다가 1965년 한일협정에 따라 1966년 우리나라에 반환되었다. 국립중앙박물관에 소장되어 있다.

주미 워싱턴 조선 공사관 태극기
(1904) 우리나라 초대 대통령
이승만의 『독립정신』에 나오는 공
사관 태극기로, 1882년 7월 발행
한 미 해군성 도록에 나오는 것과
같은 모양의 태극기이다.

불원복(不遠復) 태극기(1907) 의병장 고
광순이 일본군과 싸울 때 지녔던 태극기이
다. 고광순은 명성황후 시해 사건이 일자
의병을 일으켜 일본군과 싸우다가 전라도
구례에서 순절하였다. 태극기에 수놓아 있
는 '불원복(不遠復)'은 '조국이 국권을 곧 회
복할 것'이라는 뜻이다.

진관사 태극기(1919) 2009년 5월, 서울시 은평구 소재 진관사(津寬
寺) 칠성각(七星閣) 해체 보수 과정 중 내부 불단과 벽체 사이에서 독립
신문류와 함께 발견된 유물이다. 1919년 3·1 운동을 기점으로 진관사
에서 활동하던 스님이 독립운동에 가담하며 확보한 자료로 추정된다.

최초의 태극 우표(1895)
태극기가 들어간 최초의 우표로, 미국 워싱턴에
서 인쇄한 것이다. 태극의 반쪽이 돌아가는 모습
이며, 지금의 태극기와 좀 다른 모습이다.

1896년 7월 2일, 〈독립협회〉를 결성한 서재필 박사 등이 모화관을 수리하여 독립관으로
삼았다. 사진은 많은 사람들이 독립관에서 열린 강연을 듣기 위해 모여드는 장면으로, 독
립관 앞에는 대형 태극기를 위엄 있게 세워 놓았다.

독립문에 새겨진 태극기(1897) 독립문은 조선의 자주 독립을 염원하며 프랑스 파리의 개선문을 모방하여 독립협회가 세운 것으로, '독립문' 이름 양옆에 태극기가 새겨져 있다. 4괘는 다르지만 태극의 모양이 『통상약장유찬』의 '대청속고려국기'와 같다.

애국신문(예국신문, 1898) 1898년 8월 10일, 《애국신문》 창간호를 발행하면서 '애국'과 '신문' 글자 사이에 '태극기'를 넣었다. 이 태극기 모양도 정확치 않음을 알 수 있다.

1897년 2월 20일 '아관파천'으로 러시아 공사관에 머물던 고종 임금이 덕수궁으로 돌아온다는 소식에 많은 사람들이 환영하기 위해 대안문(大安門)에 모였다. 그 인파 속에 우리 태극기가 보인다. 1897년 10월 12일 새벽 2시, 원구단에서 고종은 황제를 선언했다.

독립신문(1898) 《독립신문》은 A4 용지 한 장 크기의 신문으로, 신문명 밑에 "죠션 셔울 건양 원년 십월 이십사일 토요일 한쟝 갑 오푼"이라고 써서 신문 한 장 값이 '오푼'임을 밝히고 있다. 태극기가 지금의 것과 많이 다르다는 것을 알 수 있다.

프랑스 신문《르 쁘띠 쥬르날》전면에 실린 1900년 파리에서 개최된 만국박람회의 한국관 모습이다. 국호를 '대한제국'으로 바꾸고 처음 참가한 행사로, 대규모 전시관을 짓고 고위급 대표단을 파견하였다.

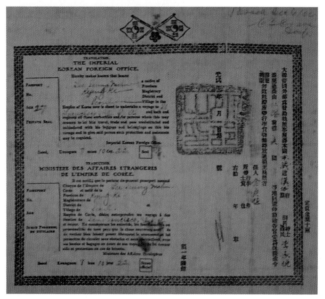

이승만 전 대통령의 여권(1904) 청년 이승만이 미국으로 갈 때 발급받은 대한제국 여권이다. 발급 일자는 1904년 10월 22일로 되어 있다. 당시 여권은 수첩 같은 지금의 여권과는 달리 상장처럼 되어 있다.

경기중학교 제1회 졸업식 장면(광무 8년(1904) 7월 1일 관립중학교) 1971년에 폐쇄된 학교로, 현 공립 경기고등학교의 전신이다. 태극기를 아래위로 놓아 축하 분위기를 냈다.

경부선 기공식 기념사진(1905) 1905년, 오늘날 초량역 부근의 경부선 기공식 기념사진
에는 태극기와 일장기를 함께 걸었다.

1905년, 프랑스 파리 판화제작소가 발행한 세계 엽서 시리즈 중 하나로, 프랑스 사람이 우리나라에 들어와서 기이하게 느꼈던 풍속이나 특징을 그린 것이다. 태극기의 괘 색이 청색으로 되어 있으며, 괘의 길이나 크기가 정리되지 않은 채 대충 그려져 있다.

순종 황제의 어진엽서(1907)　대한제국 마지막 황제 순종(1874~1926)의 모습을 엽서로 제작한 것이다. 태극기가 정사각형에 가깝다.

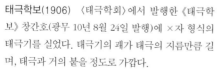

태극학보(1906)　〈태극학회〉에서 발행한《태극학보》창간호(광무 10년 8월 24일 발행)에 ×자 형식의 태극기를 실었다. 태극기의 괘가 태극의 지름만큼 길며, 태극과 거의 붙을 정도로 가깝다.

일본 황태자 다이쇼의 대한제국 방문 기념 대형 아치(1907)　1907년 〈일진회〉가 서울 남대문 앞에 세운 대형 아치 위에 태극기와 일장기가 교차해 있다. 아치 중간에 '받들어 맞이한다.'는 뜻의 '봉영(奉迎)'이라는 문구와 함께 중앙에 일본 왕실을 상징하는 국화 벚꽃 문양이 새겨져 있다. 이때까지도 일본에 완전히 병합된 것이 아니어서 태극기와 일장기를 함께 사용했다는 것을 알 수 있다.

원산 감리교회 교인들의 기념사진(1908)으로, ×자 태극기를 게양하였다. 왼쪽 것은 가려져 반쪽만 보이고, 오른쪽 것은 꽤나 태극 모두 지금의 것과 많이 다른 것을 알 수 있다.

1909년 2월, 국민회 하와이 지방총회 임원들의 모습이다. 우리 태극기가 정사각형인 것이 독특하다.

1909년 12월, 하와이에서 열린 미주 지역 독립단체 〈대한인국민회〉 대표 모임의 모습이다. 걸려 있는 대형 태극기의 괘가 왼쪽과 오른쪽이 바뀌어 있다.

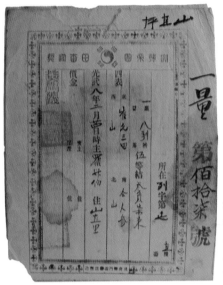

1904년 2월 24일자 대한제국 전답 관계 공문서로, 나승백 씨의 소유 토지 기록이다. 태극이 세로로 되어 있고, 괘 '하늘(건)'이 오른쪽 상단에 있는 한일 합병 이전의 태극기 도형이다.

서낭당 태극(성황당) 1900년대의 풍습이다. 마을로 들어가는 언덕길 마루턱에 '서낭당'이라는 마을의 안녕을 염원하는 집을 지어 놓았다. 보통 이곳 대문에는 삼태극, 즉 천지인 삼색인데 이 성황당의 태극은 태극기에 나오는 양태극이다.

안중근 의사의 단지 혈서 태극기가 있는 엽서(1909) 나라를 되찾고자 독립운동을 한 11명의 동지들과 중국 연해주에서 단지동맹을 맺고 조국 독립을 위해 헌신할 것을 맹세하며 쓴 안중근 의사의 혈서 태극기가 있는 엽서이다. 강한 독립 의지를 느낄 수 있다.

나라가 없어지던 날   1910년 8월 29일, 조선왕조 500년의 역사가 막을 내린 날이며, 대한제국이 멸망한 날이다. 경복궁 근정전에 우리 태극기 대신 일장기가 ×자로 보란 듯이 걸려 있다.

일제강점기(1910~1945)의 태극기

1910~1919년대,
조선의 정궁 경복궁에 걸린 일장기와 독립만세운동

1910년 한일 합병으로 우리나라는 완전히 나라를 빼앗기게 되었고, 순종 황제는 일본의 꼭두각시에 불과했다. 일본 정부와 친일파 내각과 매국단체 〈일진회〉가 득세를 하고 지방에서는 고종 황제의 강제 양위에 자극받은 항일의병들이 일어나 쓰러져가는 나라를 찾겠다며 일군과 치열한 전투를 벌이다가 순국하였다. 의병들은 곳곳에서 봉기하였지만 신식 무기로 중무장한 일본 군대에 제압당해 수많은 의병들이 목숨을 잃거나 포로가 되어 처형당하였다. 일제가 가설한 경인선 철로 폭파 사건으로 세 명의 의병이 용산 부근 야산에서 처형당하는 기사가 프랑스 언론에 소개되기도 하였다.

1910년 8월 29일, 조선왕실의 상징 경복궁 근정전에 태극기 대신 일장기가 걸렸다. 이는 조선이 일본에 나라를 빼앗긴 것을 상징하는 대목이다. 이후, 각종 행사에서 태극기가 사라지고 대신 일장기가 펄럭이게 되었다. 이제, 조선 팔도에서 태극기는 사라지는 듯했다. 하지만 1919년 3월 1일, 고종 황제의 국상을 계기로 태화관에서는 33인의 '독립선언서'가 낭독되고, 종로 탑골공원을 시작으로 서울에서 독립만세운동이 펼쳐졌다. 이때 '독립선언서'와 함께 다시 우리나라의 상징인 '태극기'가 등장하였다. 서울 종로 거리와 광화문 비각 부근에는 태극기를 손에 들고 독립만세를 외치는 조선 사람들로 인산인해를 이루었다. 이러한 독립만세운동은 지방으로까지 빠르게 전파되어 전국에서 만세운동이 펼쳐지게 된다.

　이화학당에 재학 중이던 열여섯 살 유관순(柳寬順, 1904~1920)은 친구 여섯 명과 함께 시위대를 조직해 적극적으로 독립만세운동에 참여하였다. 조선 총독부는 학교가 독립만세운동의 근거지라고 여겨 결국 임시 휴교령을 내리고, 그리하여 유관순은 사촌언니 유예진과 함께 '독립선언서'를 몸속에 숨기고는 고향인 천안으로 내려간다. 그리고 동갑인 열여섯 살 윤택진(尹擇振, 1924~1920)과 함께 일경의 눈을 피해 밤새 태극기를 만들었다.

　드디어 4월 1일(음력 3월 1일) 충남 천안군 병천면 아우내 장날, 유관순은 밤새 만든 태극기를 나누어 주면서 만세시위운동을 주도하였다. 유관순의 독립 의지를 불태우는 열변에 이어 아우내 장터의 독립선언식이 거행되었다. 조인원이 대표로 독립선언서를 낭독하고 대한독립만세를 고창함으로써 약식의 독립선언식을 가졌다. 이에 3천여 명의 군중들은 '대한독립'이라고 쓴 큰 기를 앞세우고 태극기를 흔들며 만세시위운동을 전개하여 나갔다.

　유관순은 아우내 장터 독립만세운동으로 부모를 모두 일경의 손에 잃게 된다. 그리고 곧 일경에게 체포되어 천안, 공주 감옥소를 거쳐 서대문 형무소에서 수형 생활을 하게 된다. 유관순은 얼굴을 알아보지 못할 정도로 온갖 무자비한 고문을 당해 결국 1920년 9월 28일 옥사하고 만다.

　한편 1919년 4월 15일, 오늘날의 경기도 화성시 발안 소재 제암리 교회가 불타 잿더미가 되는 사건이 일어난다. 일본 경찰은 얼마 전

발안에서 일어난 독립만세운동을 조사한다며 마을 사람들에게 모두 교회에 모이라고 명령하였다. 어린아이를 비롯해 노인에 이르기까지 모두 교회에 모이자 일본 헌병 경찰은 조사는커녕 문을 잠그고는 불을 질러 사람들을 산 채로 태워 죽이는 만행을 저질렀다.

이처럼 일본 경찰은 전국적으로 독립만세운동이 확산되자 강압적으로 독립만세 시위대를 저지하기 위해 군경이 동원되었고, 숱한 양민이 일본 경찰의 총칼에 숨지거나 옥에 갇혀 고된 고문을 당했다.

일본 경찰의 무자비한 탄압은 외국 선교사들에 의해 세계로 퍼져나가 세계 여러 나라들이 일본의 만행을 지탄하기에 이르렀다. 이에 조선 총독부는 강압 정치로는 조선 백성을 굴복시킬 수 없다고 판단하여 형식적이나마 문화정치를 표방하게 된다.

이처럼 조선 팔도 전국 방방곡곡에서 일어난 독립만세운동은 해외에까지 번져 중국 상하이를 비롯해 러시아 연해주, 미국 필라델피아 · 하와이에 이르기까지 해외 동포들은 저마다 조국 독립을 부르짖었다. 이러한 해외 동포들의 독립운동에 대한 염원은 독립운동의 본거지가 되었고, 독립운동 단체들은 나라의 상징 태극기를 각종 행사장에서 사용하면서 조선이 아직 살아 있다는 사실을 만천하에 알렸다.

1930년~1945년 태극기의 저항과 광복

1929년 10월 30일, 광주학생 사건이 일어났다. 광주와 나주 간 통학열차 안에서 일본인 학생들과의 충돌로 인해 전국적 항일학생운동으로 번졌다. 이때에도 많은 학생들이 희생을 당했다.

1932년 한인애국단원 이봉창(李奉昌, 1899~1932) 의사가 일본 천황에게 수류탄을 투척하였으나 실패하여 동경 형무소에서 사형으로 순국하였다. 이봉창 의사는 일본으로 떠나기 전 백범 김구 선생과 태극기 앞에서 선서를 하고는 항일 의지를 불태웠다.

  같은 해 4월 29일, 윤봉길(尹奉吉, 1908~1932) 의사는 일왕의 생일인 천장절(天長節)과 상해사변 전승 축하식을 합동으로 거행하는 홍커우 공원에서 폭탄을 투척하여 그 자리에서 시라카와 사령관을 절명케 하는 쾌거를 이루었다. 윤봉길 의사는 그해 12월 19일에 총살형으로 순국하였다.

  1936년 독일 베를린에서는 하계올림픽이 열렸다. 손기정과 남승룡은 일본인 신분과 이름으로 마라톤에 참가하였다. 손기정은 세계신기록을 달성하며 우승하여 금메달을, 남승룡은 3위로 동메달을 목에 걸었다. 시상식에서 우승국의 상징 일장기가 올라가자 손기정은 우승의 기쁨은 온 데 간 데 없이 고개만 푹 숙이고 말이 없었다. 손기정 선수의 가슴에 태극기가 아닌 일장기가 붙어 있었기 때문이었다. 손기정 선수의 우승 소식은 조선에서도 신문을 통해서 대서특필되었다. 그런데 손기정 선수의 가슴에 태극기가 아닌 일장기가 붙어 있자 조선인들 사이에서는 분노가 격앙되면서 애국심이 일어났다. 이에 맞춰서 《조선중앙일보》는 8월 13일, 《동아일보》는 8월 13일자 지방판, 8월 25일자에 이 기사를 보도하면서 손기정 선수의 가슴에 있던 일장기 사진 부분을 하얀색으로 덧칠해서 지워버렸다. 이것이 발단이 된 '일장기 말살 사건'으로 《동아일보》는 오랜 기간 동안 휴간에 이르렀고, 자매지 《신동아》는 폐간에 이르는 등 여러 사람들이 곤욕을 치렀다.

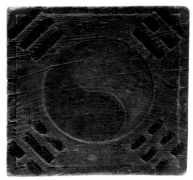

평양 숭실학교 시위 태극기(1919) 3·1운동 때 평양 숭실학교(1897~1938년, 현 서울 숭실대학교) 교정에 게양되었던 나라를 찾겠다고 다짐한 군은 의지의 대형 태극기이다. 숭실중학교 김건이 동료들과 함께 제작한 태극기로, 국기 게양대에 올려 독립선언식의 개최를 알렸다. 1974년, 미국에 있던 것이 숭실대학교에 기증되면서 현재 박물관에 소장되어 있다.

태극기 목판(1919) 3·1운동 당시 만세운동에 사용할 태극기를 대량으로 찍어내기 위한 목판 태극기이다. 이 목판으로 찍어낸 태극기를 들고 '대한독립 만세'를 외치며 만세운동을 전개하였다. 당시 화가 나혜석도 이와 같이 태극기를 만들다가 일경에 잡혀 5개월간 옥고를 치른 적이 있다.

남상락(南相洛) 자수 태극기(1919) 충청남도 당진군 대호지면에서 3·1만세운동을 주도한 독립운동가 남상락의 태극기이다. 4월 4일 독립만세운동에 사용하기 위해 부인과 같이 만든 것으로, 전체가 자수를 놓아 만든 희귀한 태극기이다.

1923년, 중국 상하이 대한민국 임시 정부 의정원 회의실에 걸렸던 태극기이다. 건(하늘)과 곤(땅)은 바로되어 있는데, 감(물)과 이(불)는 바뀌었고, 태극도 세로로 되어 있다.

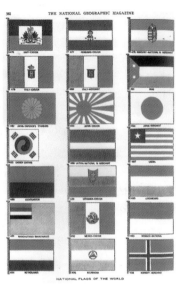

《The National Geographic Magazine》에 실린 태극기(1934) 나라를 잃고 24년이 지난 어느 날, 미국 잡지 회사에서 세계 각 나라의 국기를 소개하면서 우리 태극기를 실었다. 이 태극기는 당시 일본을 소개하는 4가지 중 하나로, "CHOSEN(JAPAN)"으로 써서 일본의 속국임을 나타내고 있다. 태극의 모양이 정사각형으로, 초라한 모습이다.

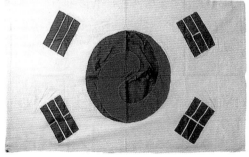

김구 서명문 태극기(1941) 대한민국 임시 정부 주석 김구가 중국에서 미국으로 가는 벨기에 출신 미우스 오그 신부를 통해 미국의 한인 교포들에게 보낸 태극기이다. 미우스 신부는 다시 중국으로 돌아오면서 도산 안창호 선생의 부인 이혜련에게 이 태극기를 전달하였다. "망국의 설움을 면하려거든, 자유와 행복을 누리려거든, 정력·인력·물력을 광복군에게 바쳐 강노말세(强弩末勢)인 원수 일본을 타도하고 조국의 광복을 완수하자."는 말을 어디에서나 한국인을 만나면 전해 줄 것을 당부하고 있다.

뉴욕 월도프 아스토리아 호텔 게양 태극기(1942) 1942년 이승만 박사가 뉴욕 월도프 아스토리아 호텔에서 한국독립 만찬회를 열 때 사용했다고 알려진 태극기이다. 이후 재미동포 김동준이 대한민국 국회에 기증하였다.

중국 상하이의 대한민국 임시 정부 청사 태극기(1919) 1919년 3월 1일 전국에서는 독립선언과 함께 대한독립만세를 불렀다. 나라를 찾기 위해 전 세계에 나가 있던 독립운동 세력들이 중국 상하이에 모여 그해 4월 13일에 대한민국 임시 정부를 수립하였다. 이 청사는 1919년 6월 안창호 선생이 가져온 미주 〈대한인국민회〉에서 모금한 독립 의연금 1만 5천 달러 중에서 전세를 얻은 것이다.

대한민국 임시 정부 초기의 지도자들(1919) 1919년 4월 13일 중국 상하이에서 대한민국 임시 정부가 출범하였다. 대형 태극기를 뒤에 세워두고 촬영한 이 사진에는 김구, 신규식, 이동녕, 이동휘, 이시영, 안창호 등의 모습이 보인다.

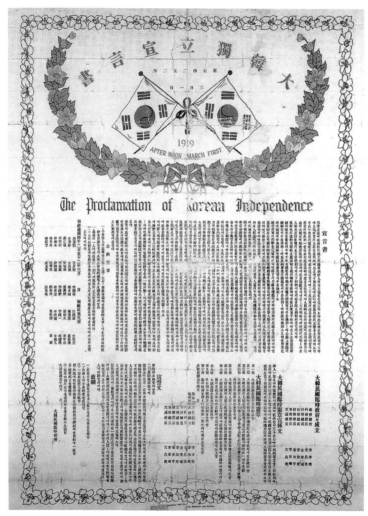

대한독립선언서(1919) 1919년 4월, 상하이 대한민국 임시 정부에서 발행한 독립선언서
이다. 3·1 독립선언서 전문과 임시 정부 각료 명단, 임시 헌장 등이 실려 있다.

상하이의 첫 3 · 1절 기념식 1920년 3월 1일, 상하이 대한민국 임시 정부에서 가진 첫 3 · 1절 기념식이다. 미국에 거주하던 도산 안창호 선생이 합류, 독립운동에 박차를 가하였다.

연해주(블라디보스토크) 동포의 3 · 1절 기념식 이 사진은 연해주의 3 · 1절 1주년 기념식으로, 3월인데도 추운 곳이라 땅바닥에 눈이 하얀 가운데 동포들이 둥글게 모여 큰 태극기 작은 태극기를 들고 기념식에 참여하고 있다.

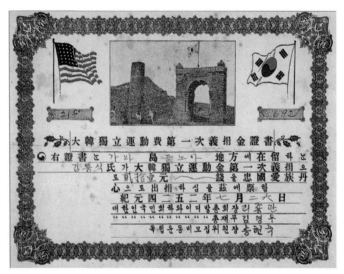

1920년 〈대한인국민회〉에서 대한독립 의연금을 모금하기 위해 발행한 국민회 의
무금 혈성증이다. 서울 서대문 독립문의 태극기가 펄럭이는 사진을 넣어 인쇄하
였다.

독립군 진군기(進軍旗)
1920년 10월 21일부터
10여 일간 북간도 청산
리 일대에서 독립전쟁
을 할 때 사용한 독립군
진군기이다. 태극기와
주변에 삼색을 더하여
진군할 때 잘 보이도록
강조하였다.

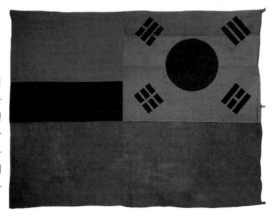

1920년 12월 28일, 이승만 박사가 대한민국 임시 정부 대통령으로 중국 상하이에 도착한 뒤 열린 환영식이다. 손정도, 이동녕, 이시영, 이동휘, 안창호, 박은식, 신규식 등이 기념 촬영하는 뒤에 대형 태극기와 양쪽 날개처럼 작은 태극기가 보인다.

이봉창 의사(1931) 〈한인애국단〉에 입단한 후 선서문을 가슴에 달고 태극기 앞에 선 이봉창 의사. 이봉창 의사는 일본 황제를 저격하기 위해 일본으로 건너가 동경 경시청 앞에서 히로히토에게 폭탄을 던졌으나 실패, 그해 10월 10일 33세의 나이로 순국하였다.

윤봉길 의사와 태극기(1932) 1932년 4월 29일, 일본 천황의 생일을 축하하는 천장절(天長節) 기념식이 중국 상하이 홍커우 공원에서 있었다. 일본군 사령관 등을 수류탄으로 투척하기에 앞서 태극기 앞에 선 윤봉길 의사의 결의에 찬 모습이다.

〈한인애국단〉은 1926년 12월 대한민국 임시정부 국무령 백범 김구가 일본 수뇌 암살 목적으로 조직한 항일 운동 단체이다. 1932년 4월 29일, 거사를 앞두고 백범 국무령과 태극기 앞에서 사진을 찍어 결의를 다짐하는 윤봉길 의사의 모습이다.

1936년, 백범 김구 선생의 회갑을 맞아 한국국민당 청년단이 선물한 휘장이다. 태극기와 교차되어 있는 붉은색 깃발은 한국국민당 청년단기이다.

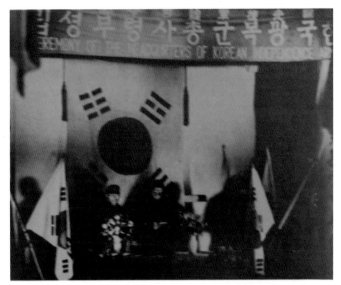

1940년 9월 17일, 중국 중경(충칭) 한국광복군 총사령부에서 김구 선생(국무령)
과 김학규 총사령 참모가 나라를 되찾고자 태극기 아래에서 다짐하는 모습이다.

1940년 10월, 조선의용대 결성 2주년 기념 행사에서 약산 김원봉이 축사를 하고
있다. 태극기는 왼쪽에, 중국 국기는 오른쪽에 있다. 단상 아래 두 나라의 작은 국
기가 다정해 보인다.

1940년 태극기 1940년, 광복군 결성식 이후 중국측 대표들과 기념 촬영하는 장면이다. 왼쪽에서 두 번째가 지청천 광복군 사령관, 김구 주석, 그 옆이 중국의 류우치 장군이다.

한국광복군 총사령부 총무처 일동(1940) 1940년 12월 26일, 대한민국 임시 정부의 한국
광복군이 중국 영토에서 광복군 총사령부를 설립(9월 준비)하였다.

광복군 제5지대 창설 기념(대한민국 23, 1941) 지대장 나월한 등 공작원들이 임무를 수
행하기 전 기념사진을 찍은 것이다. 태극기를 중국 국기와 나란히 걸었다.

1941년(대한민국 23), 하와이에서 대한부인구제회원 해외 한족대회를 개최하며 태극기와 성조기를 걸었다. 태극기의 괘가 굵직하여 힘차게 보인다.

하와이 국방경비대 창설(1942) 1941년 12월 8일, 일본이 하와이 진주만을 기습하여 태평양전쟁이 발발하자 하와이 교민들은 즉각 '국방경비대'를 창설, 군사훈련을 실시하였다.

1943년 4월, 중국 충칭
에서 열린 자유한인대
회에서 '대한민국독립
만세'를 외치고 있다.
태극기의 괘가 지금의
태극기와 맞지 않다.

1945년 8월 16일, 전남 광양읍 주
민들이 해방을 맞아 각자 나름대로
태극기를 그려서 들고 몰려 나왔
다. 전국에 메아리친 해방의 기쁨
을 장대 높이 태극기를 달고 환호
하며 뛰어나온 것이다.

1945년 10월 22일, 구 조선 총독부 건물 앞에서 열린 연합군 환영대회이다. 미국기, 영국기, 태극기, 중국기(중화민국), 구 소련기가 걸려 있다. 세계2차대전 승전국들의 국기이다.

미국 체신청 발행 태극기 우표(1944)

1944년 11월, 미국 체신청이 식민지 국가를 대상으로 발행한 시리즈 우표 중 하나이다. 1943년 11월 27일 이집트 카이로에서 열린 한국의 독립을 약속한 '카이로 선언'을 지지하고 한국인의 독립투쟁 의지를 기념하기 위해 발행한 것으로, 당시 미국에서 독립운동을 하던 이승만의 청원이 크게 작용, 미국의 한인 동포의 성장과 조국 독립에 대한 열망이 담겨 있다.

김일성 태극기 우표(1946, 북한 발행) 광복(해방) 1주년 기념으로 1946년 8월 15일에 발행한 조선 우표이다. 무궁화꽃 아래 태극기를 배경으로 김일성 모습이 있다. 붉은색과 짙은 밤색 두 종류가 있으며, 50전짜리 우표이다.

광복 이후(1945~1960)의 태극기

1945~1960 태극기와 인공기

1945년 8월 15일, 36년 동안의 일제강점기에서 비로소 광복을 맞이한다. 히로시마에 원자폭탄이 투하되면서 그 피해가 재앙 수준임을 알고는 히로히토(裕仁) 천황은 무조건 항복을 선언하였다. 이 소식을 들은 팔도의 조선 백성들은 길거리로 뛰쳐나와 숨겨 두었던 태극기를 흔들며 대한민국 만세를 외쳤다. 그러나 광복의 기쁨도 잠시, 남북은 갈라져 북쪽은 소련이, 남쪽은 미국이 식민통치를 하기에 이른다. 비록 남과 북에 두 정권의 탄생을 눈앞에 두고 있지만 태극기는 남과 북 모두의 국기였다.

1946년에 발행된 우표 중 태극기 앞에 김일성 얼굴이 있는 우표가 있듯이 1948년까지 남과 북은 태극기를 국기로서 함께 사용하였다. 그러나 1948년 7월, 북한의 지도자 김두봉은 조선민주인민공화국 국기에 대하여 언급하면서 남한에서 사용하는 태극기를 사대주의에 종속된 국기라며 폄하하였다. 그는 태극기의 문양 음양과 괘는 중국에서 수입된 것으로서 과거 조선의 사대주의를 반영하는 상징이므로 태극기는 봉건적이라며 비난했다. 이에 비해 사회주의의 상징 붉은 별과 빨강, 파랑, 흰색의 줄이 그려져 있는 인공기는 새롭고 진보적이며, 또한 자주적인 조선을 반영하는 것이라고 주장하였다. 또 1880년대 이래 조선의 국기로 사용되어 온 태극기는 현재 남한의 국기로 사용되므로 북한은 새로운 국기인 인공기로 교체한다고 발표하였다.

북한은 남한 정부 수립 이전에 이미 북한 단독 정부 수립을 위한 준비를 하며 인공기와 국가(國歌)까지 제작한 것으로 알 수가 있다.

1948년 8월 15일, 남한 단독으로 정부가 수립되었고, 조선 총독부 건물이었던 중앙청에 대형 태극기가 걸렸다. 북한은 이미 1946년 2월, 북조선 임시 인민위원회가 결성되어 사실상 공산주의를 표방하는 인민공화국을 세웠다. 북한은 남한의 단독 정부 수립에 이어 1948년 9월 9일 북한 단독 정부를 선포하였다.

1950년 6월 25일, 북한이 38선을 넘어 남침함으로써 한국전쟁이 발발하였다. 그해 6월 28일, 탱크를 앞세워 서울을 점령한 인민군은 북한 공산당의 상징인 인공기를 이때 처음으로 가져왔다. 한강 철교는 끊어지고 피난 가지 못한 백성들은 인민군들이 나눠 준 인공기를 흔들며 북한군을 환영하는 행사장에 강제로 끌려 다녔다. 분명 한민족인데 태극기 대신 인공기를 앞세워 침공까지 해왔으니 나라가 다른 것이 분명했다. 북한의 침공에 맞서 대한 남아들은 무명천에 직접 태극 마크를 그려 이마에 두르고는 전쟁터로 향했다.

1950년 9월 28일, 맥아더 장군의 '인천상륙작전' 성공으로 서울을 수복하였다. 이때 되찾은 중앙청 국기 계양대에는 태극기가 휘날렸다. 이로써 북한군이 서울에서 후퇴하였다는 사실을 국민들은 믿고 거리로 뛰쳐나와 태극기를 흔들며 유엔군을 환영하였다.

1960년 4월 19일, 혁명이 일어났다. 이승만 정권의 3·15 부정선거에 저항하며 중고등학생과 대학생들이 이승만 대통령 하야를 요구하며 전국적으로 일어난 것이다. 이때도 어김없이 태극기가 등장한다. 학생들의 시위를 진압하기 위해 동원된 탱크에 올라탄 시민들이 태극기를 휘날리며 민주화를 요구하는 시위대의 모습에서 우리는 태극기의 상징을 엿볼 수가 있다. 태극기는 시대와 역사를 막론하고 국가의 상징이며, 국민의 마음에 살아 있는 정신이다.

한국광복군 서명문 태극기(1945) 광복군 제3지대 2구대에서 활동하던 문웅명이 전우 이정수에게서 받아 간직한 태극기이다. 결의를 다지는 글귀와 서명은 1946년 1월 중국에서 적은 것으로, 70여 명의 광복군 대원들이 진정한 광복을 이루고자 하는 나라사랑과 자유에 대한 굳건한 열망이 담겨 있다.

건국법정대학 학도병 서명문 태극기(1950) 건국대학교 법률과 학생들이 제3차 학도병으로 지원할 때 조국을 위해 몸 바칠 것을 맹세하고 자원입대 시 서명한 태극기이다.

경주 학도병 서명문 태극기(1950) 한국전쟁에 경북 경주에서 자원한 학도병들이 나라와 가족에게 충성을 맹세한 태극기이다. 당시 학도병들의 굳은 의지와 각오가 표현되어 있다.

유관종 부대원 태극기(1950) 1950년, 유관종 소위가 10월 초 호남지구 진격작전 시 사용한 태극기이다. 유관종 소위와 부대원들이 죽음을 각오한 결의의 서명이 나타나 있다.

《PICTORIAL KOREA 1951-1952》 화보 잡지에 실린 태극기이다. 1950년대 전쟁의 아픔 속에서 살아가고 있는 대한민국 국민들의 모습을 담은 책이며, 그 속에 태극기가 있다.

목판 태극기(1960년대, 50×50㎝) 이 태극기는 원양어선에 사용한 것이다. 서툰 조각 솜씨로 가족과 나라를 생각하며 잘 보이는 곳에 붙여 놓았던 때문은 나무 태극기이다.

학교 교실의 태극기(1960년대, 50×35㎝) 나무판에 얇은 종이를 덧대고 그 위에 채색으로 그린 태극기이다. 액자도 직접 만들어서 도돌도돌한 부분은 참나무 껍질을 촘촘히 붙여 정성을 다한 교실 태극기이다.

소형 태극기(1960년대) 인쇄된 소형 태극기이다. 깃대는 싸릿대로 만들었으며, 이 태극기는 환영의 도구로 사용한 듯하다.

1945년 8월 15일, 일제의 36년간 억압에서 벗어나 자유의 나라가 되자 태극기를 들고 방방곡곡 만세 소리가 하늘에 울려퍼졌다. 서울 남산에서도 그 기쁨의 대형 태극기를 엄숙한 분위기에서 게양하고 있다.

1945년 8월, 서울 YMCA에서 건국위 원회가 소집되었 다. 직접 그린 태극 기가 걸려 있다.

1945년 9월, 전남 목포역 앞에 설치된 광복 축하 아치 중앙에 태극기가 있다.

1945년10월 충칭(중경) 임시 정부 청사 앞 에서 대한민국 임시 정부 환국 기념 촬영을 하였다. 김구 선생 중심으로 태극기를 나란 히 들고 서 있다.

1945년, 광복의 기쁨은 전국으로 퍼졌다. 당시 전남 광주의 광복 경축 퍼레이드이다.

1945년 11월, 중국 장개석 총통이 주최한 대한민국 임시 정부 요원 환송 만찬장이다. 중일전쟁이 종료되고 대한민국은 해방되어 장개석 총통이 만찬을 주최하였다.

대한민국 정부 수립 경축식(1948)   1948년 5월 10일 남한만의 단독 선거로 제헌 국회가 구성되었다. 1948년 8월 15일, 대한민국 정부 수립 선포식을 중앙청 건물에서 가졌다. 2개의 태극기가 서로 다른 모양으로 걸려 있다.

1950년 9월 28일 서울 수복 1950년 6월 25일 북한이 남침하여 순식간에 서울을 빼앗겼다. 그해 9월 15일, 유엔군 대표로 미국의 맥아더 장군이 인천상륙 작전을 감행하여 서울을 탈환하고 우리의 해병대 대원들이 중앙청에 태극기를 게양하고 있다.

1945년 8월 15일, 나라를 되찾은 그 해방의 기쁨을 한 땀 한 땀 수를 놓아 만든 애국의 베개, 기쁨의 눈물 베개이다.

광복 1주년(해방 조선) 기념 우표(1946) 태극기를 힘차게 들고 있는 젊은 가정의 모습이다. 엄마가 아이를 안고 있는 새 가정 새 나라를 뜻한 도안으로 보인다. 4가지 색으로 우표를 발행하였다.

감사장의 태극기(1948) 1948년 이승만 대통령이 박상호 씨에게 준 감사장이다. 국가에서 발행한 공문서인데 태극기의 태극 중심이 잘 맞지 않아 잘못되어 있다.

6.25 전쟁이 일어나 한창일 때 유엔군 대표와 북한 대표가 38선을 중심으로 휴전 협정을 체결하려고 하자 이에 남한에서는 대대적으로 반대 시위를 하였다.

우리 국기(1952) 크기 12.5×18.0㎝, 44쪽밖에 안 되는 작은 책이지만 태극기에 대한 규격과 뜻, 제작 방법을 다룬 문교부장관 추천을 받아 신의섭 선생이 집필하고 한미문화사에서 발행한 책이다.

대한국민항공사(1952) 대한민국 최초 민간항공사인 KNA는 우리나라 민간 항공사의 효시가 되었다. 항공사 로고에는 창공을 나는 새 날개 중심부에 태극을 넣었다.

1956년, 호주 멜버른 올림픽 때 대한민국 선수단이 우리나라 태극기를 들고 입장하고 있다. 선수들이 본부석 쪽을 향하여 우리나라 국기에 대한 경례를 하듯 일제히 가슴 경례를 하는 것이 이채롭다.

4·19혁명 태극기(1960)
이승만 독재정치 타도를 외치며 나선 4·19혁명은 학생부터 교수까지 합세하였다. 특이하게도 한국전쟁 이후의 태극기에는 태극의 빨강과 파랑 사이에 흰 띠가 나타났다. 사람들은 시대적 상황을 반영하여 북쪽은 빨강, 남쪽은 파랑, 흰 띠는 38선으로 인식하는 경우도 있었다.

1960년 4월 19일, 트럭에 올라탄 학생들이 부패한 정치를 몰아내려고 몽둥이와 태극기를 들고 외치고 있다. 3·15 부정선거로 결국 4월 24일 이승만 대통령이 하야하고 말았다.

세계 속 현대의 태극기

1960년 4·19혁명으로 이승만 독재정권은 막을 내렸다. 그리고 장면 내각에 이어 박정희 정부가 수립되어 역사적인 한일수교회담을 맺었다. 이때, 독도 영유권 문제로 일본과 의견이 충돌하였다. 일본은 우리 땅 독도를 자신들의 영토라며 주장하였던 것이다. 우리나라는 광복 후 울릉도 주민들이 자발적으로 '독도의용수비대'를 편성해 실질적으로 독도를 지배해왔고, 지금도 '독도경비대'가 주둔해 우리나라의 영토 수호에 박차를 가하고 있다. 현재 독도에는 우리나라 태극기가 펄럭이며 대한민국의 영토임을 당당히 드러내고 있다.

박정희 대통령 서거 이후, 12·12사태로 권력을 잡고 민주화를 거부하는 전두환 세력들에게 대항해 광주시민들은 대형 태극기를 앞세워 도청을 점령해 시위를 계속 이어 나갔다. 이에 전두환 세력들은 시위 군중을 향해 발포하여 수백 명의 사상자가 발생하였다. 사상자의 관을 덮을 태극기가 모자랄 정도로 그날의 태극기는 아픈 역사를 간직하고 있다.

1980년에 들어와서 우리나라는 제3공화국의 경제개발 5개년 계획의 성공으로 경제발전의 토대를 마련했다. 그 힘을 바탕으로 경제가 급속도로 성장되면서 우리나라는 점점 세계 속의 한국으로 발돋움하게 되었다.

태극 마크를 단 우리나라 선수들은 세계대회에 참가하면서 대한민국을 세계에 널리 알렸다. 1976년 제21회 캐나다 몬트리올 올림픽 대회에서 양정모 선수는 레슬링 그레코로만형 종목에서 광복 후 첫

올림픽 금메달을 획득하였다. 감격의 애국가가 울려퍼지며 하늘에는 태극기가 자랑스럽게 휘날렸다. 그 후로 우리나라 선수들은 여러 해 동안 태권도와 양궁 등 여러 종목에서 우승의 쾌거를 올리면서 세계 곳곳에서 태극기를 휘날렸다. 더불어 국민들의 자존감과 애국심도 함께 불타올랐다.

1986년 서울아시안게임과 1988년 서울올림픽을 성공리에 치르면서 대한민국의 태극기는 그 위상을 더욱더 떨쳤다. 특히 우리나라에서 열렸던 2002년 한 · 일 월드컵 대회 때는 우리나라 역사상 최초로 태극기가 해외 토픽이 되었다. 한 · 미전이 열린 대구 월드컵 경기장에 가로 60m, 세로 40m, 무게 1.5톤의 초대형 태극기가 등장했던 것이다. 선수 입장과 함께 애국가가 울려 퍼지자 관중석은 술렁거렸고 초대형 태극기가 거대한 물결처럼 사람들의 머리 위로 나부꼈다. 도심 곳곳의 전광판 화면을 가득 채우자 미국 선수들과 응원단조차 잠시 넋을 놓고 말았다. 월드컵 대회 기간 내내 시청 앞 광장을 비롯해 젊은이들이 많이 모이는 장소마다 한국선수들을 응원하기 위해 수많은 인파가 몰렸으며, 이 흥미로운 광경에 외신들은 해외 토픽으로 세계에 알렸다. 어린 아이들부터 청 · 장년에 이르기까지 대한민국 국민이라면 누구나 붉은 악마 티셔츠에 두건을 쓰고는 태극기를 들고 응원의 함성소리를 드높였다. 태극기 문양을 얼굴에 그리거나 태극기로 몸치장까지 하고는 응원에 열을 올렸으며, 응원단석에는 태극기의 물결이 장관을 이루었다. 태극기를 모자로 사용하거나 망토로 사용하기도 했다. 이제 시청 앞 광장은 월드컵 대회가 열릴 때마다 태극기 물결의 장관을 볼 수 있는 붉은 악마들의 응원 장소가 되었다.

이때를 계기로 우리의 태극기는 다양한 용도로, 다양한 문양으로 응용되어 우리의 생활 깊숙이 자리하게 되었다. 태극기 모자, 태극기 넥타이, 태극기 문양을 응용한 패턴의 옷들과 장신구를 일상생활 속에서도 만날 수 있다. 과거의 태극기가 나라의 상징으로서 권위와 숭배, 존엄의 대상이었다면, 오늘날 태극기는 아름답고 친근한 콘텐츠로서 생활 속에 늘 자리하며 대한민국을 상징하고 있다. 예나 지금이나 태극기는 우리나라의 자부심이며 온 국민을 하나로 응집시키는 대한민국의 정신이다.

독도에 휘날리는 태극기는 우리 영토임을 만천하에 알려 주고 있다. 독도 등대 옆 대형 태극기 모형은 인공위성에서도 보인다고 한다. 이 태극기는 시멘트로 제작되었으며 독도경비대원들이 수시로 단장을 한다.

2002년 한일 월드컵 대회 당시 붉은 악마들이 대형 태극기를 펼쳐 들고 열광하고 있다.

태극기 그리기

태극기는 가정집에서 걸 수 있는 가로 90cm, 세로 60cm(깃면의 길이(가로)와 너비(세로)는 특별한 경우 외에는 3:2의 비율로 한다. 2010년 행정자치부 발행 『태극기』 도록)의 크기로 정한다. 준비물은 태극기 기초를 그릴 종이(도화지나 한지(이합지))와 풀을 먹인 흰 비단이나 흰 광목 등 직물, 염료 물감 등이다. 물감은 아크릴 물감이나 동양화 물감도 가능하다.

태극기 기초 그리기

이 작업은 태극기 원본을 그리기에 앞서 완전한 태극기 도형을 만드는 작업이다.

1. 가로 90cm 절반 45cm에서 세로선을 긋는다.
2. 세로 60cm 절반 30cm에서 가로선을 긋는다.

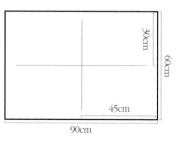

3. 가로 90cm 왼쪽 상단에서 중앙의 교차되는 지점(+)을 통과하여 오른쪽 하단까지 선을 긋는다.

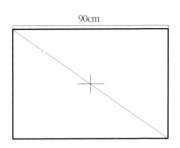

4. 컴퍼스 간격을 15cm로 맞추어 중앙의 교차점(+)에 꼭지점을 두고 원을 그린다. 지름 30cm의 태극 원이 중앙에 그려지게 된다.

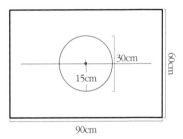

5. 컴퍼스 간격을 15cm 그대로 유지해 무궁화 꽃 모양으로 왼쪽 상단 대각선을 잡고 가로 중심선을 확인하고 한 바퀴 돌린다.

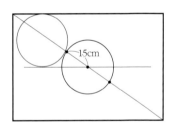

6. 컴퍼스 간격 15cm로 왼쪽 아래 원은 가로 중심선을 보고 중앙 태극기 선이 맞닿게 해놓고 원을 그린다. 그리하여 3개의 원이 완성된다.

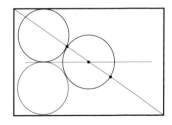

7. 오른쪽 상단, 하단 원도 같
   은 방법으로 그린다.

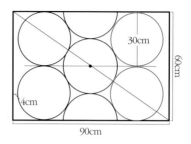

태극 원 그리기

1. 태극기 기초 그리기에서 정
   중앙의 원 위에 대각선으로
   5개의 점을 찍는다. 이 점은
   컴퍼스 간격을 7.5cm로 맞
   추어 대각선 상하에 찍는다.

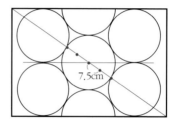

2. 5개의 점 중 아래에서 두 번
   째 점을 중심으로 한 바퀴
   돌려 원을 그린다. 또 아래
   에서 네 번째 점을 중심으로
   한 바퀴 돌려 원을 그린다.

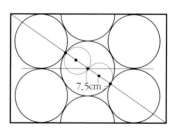

태극 방향 그리기

1. 태극 원의 5개의 점 중 왼쪽 상단의 첫 번째 점을 ①번으로 시작하여 오른쪽 하단 마지막 점을 ⑤번으로 정한다.
2. ①번 점을 시작으로 원을 따라 아래로 내려오면서 ③번 중앙 원점에 이른다.
3. ③번 점을 시작으로 원을 따라 위쪽으로 올라가면서 ⑤번 점에 이른다.
4. 완성된 태극선은 색선으로 다시 그어도 되고 굵은 선으로 강조해도 된다.

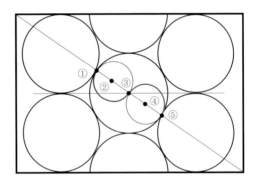

괘 그리기

1. 두꺼운 마분지를 준비하여 가로 15cm, 세로 10cm(괘돌이 그림 참고)로 자른다.

2. 만들어진 괘돌이의 세로
   10cm에 '2.5cm－1.2cm
   －2.5cm－1.2cm－
   2.5cm' 간격으로 선을 긋
   는다.(1mm 정도의 오차는
   연필 선으로 감춰진다.)

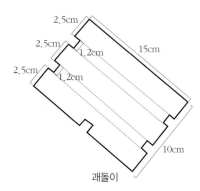

괘돌이

3. 가로 15cm 양끝에서 중
   앙으로 6.9cm 들어가 선
   을 긋는다. 중앙에 남는
   공간은 1.2cm가 된다.

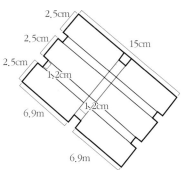

4. 위의 방법대로 만든 견본
   (괘돌이)을 가지고 '하늘'은 '땅'을 마주보게 하고, '불'은 '물'을 마
   주보게 한다. 괘돌이는 태극기를 그리는 데 있어서 실제로 '자'
   역할을 한다.

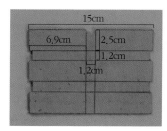
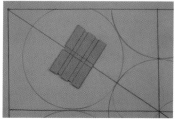

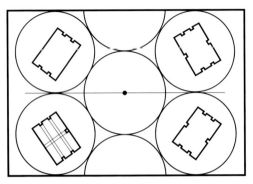

괘돌이를 이용한 4괘 본뜨기 완성

태극기 본뜨기

태극기 기초 그리기가 완성되었으면 이제 본격적으로 실제 태극기를 그린다. 준비된 비단이나 광목에 풀을 엷게 발라 마른 천을 견본 위에 올려놓으면 선이 보인다. 연필로 태극과 괘를 천천히 정성을 다해 그어간다.

완성된 태극기 본뜨기

채색하기

태극기 채색에는 검정색, 주황색, 빨강색, 청색, 남색 등 5가지 물감이 필요하다. 채색은 염료로 따로 만들어진 것이 있는데, 동양화 물감을 써도 무방하다.

1. 각 괘에 남색 물감으로 꼼꼼히 칠한 뒤 마르고 나면 남색 위에 검정색을 엷게('엷게'의 농도는 바탕 남색이 마른 뒤 약간 느낄 수 있는 정도) 덧칠해 준다.
2. 태극의 '해'에 주황색 바탕을 칠하고 마른 뒤 빨간색을 엷게 한 번 더 칠한다.
3. 태극의 '달'에 청색을 칠하고 마른 뒤 남색을 엷게 한 번 더 칠한다.
4. 완성된 태극기는 완전히 건조시킨다.
5. 채색이 잘 고착되도록 접착제를 서서히 뿌려 준다.

역사의 태극기 작품 만들기

　현대 이전의 역사 현장에 있던 태극기들을 자신의 작품으로 만드는 과정이다. 전문성 있는 내용으로, 역사·미술공부에 도움이 될 것이다.

1. 만들고 싶은 역사의 태극기를 하나 선택하여 견본 자료로 준비한다.
2. 한지를 준비한다. 한지는 종이 뜰 때 얇은 것을 두 장 겹쳐 그대로 말린 것을 '이합지'라고 하는데, 이 이합지를 자신의 집에 액자로 만들어 걸을 만한 크기로 잘라 준비한다.

이합지(한지)

3. 선택된 태극기를 그릴 모조지나 한지를 잘라 역사의 태극기를 보고 그린다. 이합지를 올려놓아 잘 비치게 하려면 붓으로 먹선을 강조한다.(태극기 그리기 참고)

4. 이합지를 견본 위에 올려놓고 먹의 농도는 중간쯤으로 해서 붓으로 선을 긋는다.

5. 윤곽선이 다 끝나면 물감 올릴 준비를 한다. 분채 물감 호분 흰색, 황토빛 미색, 주황색, 빨간색, 청색, 남색, 검정색 등 7가지와 아교물을 준비한다. 아교물은 액체로 판매하는 것과 알맹

이 아교가 있는데, 끓여서 사용한다. 식었을 때 손가락으로 만져서 '뽀드득'한 느낌이 있으면 된다.

6. 아교물을 준비하고, 1회용 종이컵에 황토빛 미색을 반 컵 넣고 아교물로 반죽을 한다. 이때 붓으로 잘 저어 섞어도 되지만 정성을 다하려면 손가락으로 물감 알갱이들을 모두 일일이 부

수는 것이 좋다. 얼마간의 시간이 걸린다. 농도가 중요한데, 붓으로 찍었을 때 꿀물 흐르는 정도로 만든다. 완성된 물감으로 태극과 괘를 뺀 나머지 바탕 전체에 칠한다.

7. 바탕색이 건조되면 꽤에 남색을 칠하는데, 물감 반죽은 6번과 동일하지만 양이 적기 때문에 컵에 5분의 1 정도면 좋다. 남색이 건조되면 그 위에 검정색을 덧칠한다.

8. 태극의 해에 주황색을 칠한다. 달에는 청색을 칠한다. 모두 건조되면 주황색 위에 빨간색을, 청색 위에는 남색을 덧칠한다.

 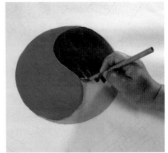

9. 건조시킨 후 꽤와 태극을 뺀 나머지에 호분을 칠한다.

10. 하룻저녁을 바짝 건조시킨다.

11. 다음 날, 완전히 건조된 태극기 위에 신문지나 그 크기만한 종이를 포개서 전체를 주먹 크기만하게 계속 구긴다(찰과묘법 적용). 잠시 후 서서히 종이와 태극기를 분리시킨다. 태극기 끝을 잡고 부서진 물감 가루를 살랑

살랑 털어낸다. 드디어 역사의 태극기가 완성된다.

팁! 찰과묘법(擦過描法)

완성된 태극기가 완전히 건조되면 견본으로 사용했던 종이나 신문지 등을 그린 태극기 위에 올려놓고 잘못된 편지 구기듯 구긴다. 한참 있다가 펴보면 두 번씩 칠한 곳에서 이중적 색깔이 나타나는데, 이는 역사의 상처와 시간이 흐른 표현의 효과를 낼 수 있다. 이 기법은 저자가 직접 고안한 것으로, '찰과묘법(擦過描法)'이라고 한다. 마지막으로 접착제를 서서히 뿌려 잘 고착되게 한다.

12. 완성된 태극기를 신문지나 종이 위에 놓고 구멍이 촘촘한 분무기를 이용해 아교물을 살살 뿌려 준다. 3~4회 계속한다. 완전하게 건조된 상태에서 손으로 문질러 물

감이 묻어나지 않을 때까지 반복해서 아교물을 뿌리고 잘 건조시킨다. 이런 과정을 거치면 그림은 갈라지고 터져 시간이 흐른 역사적인 태극기의 느낌을 고스란히 느낄 수 있다.

주이 태극기　163×169cm / 한지에 채색

1883년 조선에 온 미국 공사 푸트(Lucius H. Foote)를 수행했던 주이(Pierre Louis Jouy)가
1884년에 입수하여 미국으로 가져간 것으로, 현전하는 가장 오래된 태극기이다.

『통상약장유찬(通商約章類纂)』의 대청속고려국기 163×169cm / 한지에 채색
청나라에서 조약 및 외국 사신의 서한 등을 기록한 『통상약장유찬』 책에 대청속고려국기
를 그렸는데, 태극 중앙의 작은 원은 양중음생, 음중양생을 나타내는 것이다. 태극 옆 노
란색이 태극에서 빛이 나오듯이 표현하였다.

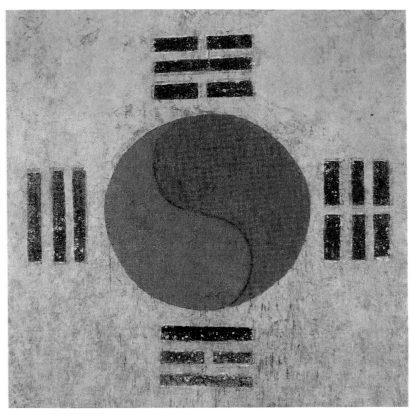

프랑스 파리 만국박람회 태극기 163×169cm / 한지에 채색

1900년 프랑스 파리 만국박람회에 게양해 있던 태극기 괘가 십자가(十字架) 모양으로 되어 있는 것이 특징이며, 이미지의 형태는 전투기에 그려진 것이 생각나게 한다.

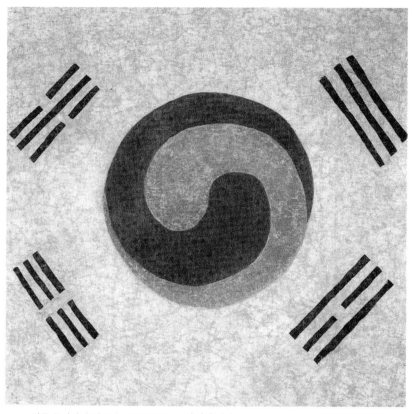

미국 공사관의 태극기   163×169cm / 한지에 채색

1904년 미국 워싱턴에 있는 대한제국 주미 공사관 흑백 사진(이승만, 『독립정신』, 1910)
을 참고하여 제작하였다. 태극이 강조되고 괘가 젓가락처럼 가늘게 된 것이 특징이며, 흑
백사진 자료를 참고한 만큼 당시의 느낌을 살려 채색하였다.

대한독립만세 태극기　170×70cm / 한지에 채색
미국에서 광복 전에 제작된 것으로 추정되는 태극기이다. 긴 꼬리가 있는 삼각형 깃발 안
에 태극기를 깃봉까지 그리고 태극기 주변을 강조하여 빨간색으로 하고, '대한독립만세'
라고 입체적으로 표현한 것을 조선시대 오색 금룡기와 닮은 모습에 참고하여 그렸다.

미주 지역 한국독립시위 태극기 163×169cm / 한지에 채색

1919년 미주 동포들이 3·1운동 소식을 듣고 4월 14일부터 16일까지 필라델피아 독립관
에서 한인 자유대회 개최 당시의 태극기이다. 나라를 빼앗긴 조국의 현실이 미국에서의
아픔은 배나 간절했을 것이다. 피맺힌 설움을 화면 상단에 표현하였으며, 눈물이 흘러 마
르고 또 흐르고 마른 모습을 담아 표현하였다.

흑백으로 표현한 태극기   163×169cm / 한지에 채색

1932년 4월 29일, 거사를 앞두고 찍은 김구 선생과 윤봉길 의사가 함께 찍은 흑백 사진을
자료삼아 그렸다. 태극의 청홍색보다 흑과 백의 색으로 표현함으로써 당시의 시대적 상
황을 느낄 수 있게 하였다. 현장에 있던 태극기의 이그러진 도형을 그대로 참고하여 황토
담에 숯덩이로 그린 듯 표현하였다.

대한민국 정부 수립 태극기   163×169cm / 한지에 채색

1948년 8월 15일, 남한은 독자적인 정부를 수립한다. 당시 경축행사가 있었다. 중앙청(조선 총독부 건물, 현재는 헐려 없음.) 앞에 걸려 있었던 대한민국 정부 수립 현장의 사진을 기초로 하여 감격 어린 느낌들을 담아 표현한 작품이다.

안중근 단지 혈서 태극기 150×152cm / 한지에 채색
안중근 의사가 조국 독립을 연해주에서 11명의 동지들과 단지동맹을 맺고 혈서로 '대한독
립'이라고 쓴 태극기이다. 당시의 나라를 찾겠다는 결의와 각오를 생각나게 하며 표현하
였다.

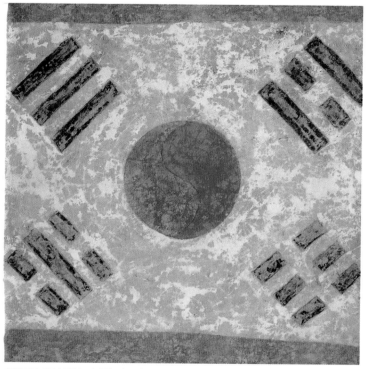

대한민국 임시 정부 의정원 태극기 70×70cm / 한지에 채색

중국 상하이 대한민국 임시 정부 의정원에 걸렸던 태극기이다. 4괘가 큼직한 데 비해 태극이 작게 되어 있다. 규격이 정확치 않은 때라 모양이 다양하다. 당시 깊은 상처의 아픔을 찰과묘법으로 표현하였다.

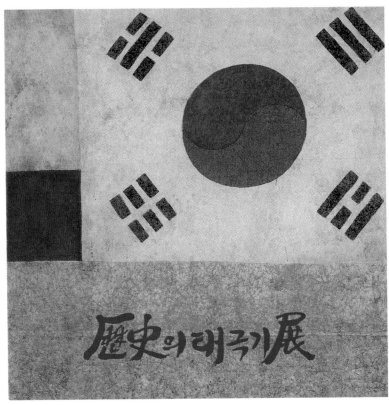

독립군 진군기(進軍旗)   163×169cm / 한지에 채색

1920년 10월 21일부터 10여 일간 북간도 청산리 전투에서 독립군 진군기로 사용한 태극기이다. 진군할 때 잘 보이도록 강조한 삼색이 이색적이다. 우리 색에 친근함이 더한 태극기로 표현하였다.

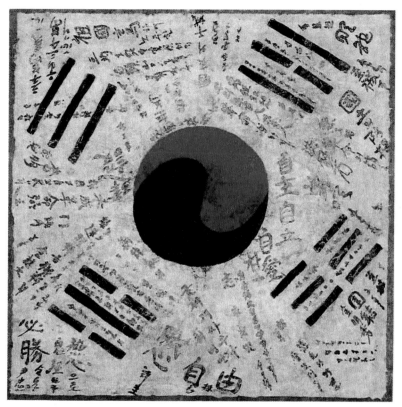

한국광복군 서명문 태극기 70×70cm / 한지에 채색

이 태극기에는 70여 명의 광복군 대원들이 조국의 완전한 주권을 찾아 진정한 광복을 이루자는 염원이 담겨 있다. 공간 구성에 의해 양쪽 글씨는 생략하여 완성하였다.

이철희 사변폭발(事變爆發) 태극기　70×70Cm / 한지에 채색

한국전쟁 당시 이철희 특무상사가 사용했던 태극기이다. 네 귀퉁이에 전쟁이 일어났다는
글과 당시의 밀고 밀리는 전투 상황을 태극 주위에 그 지역들과 함께 적어 놓은 것이다.
당시 상황을 생각하며 완성해 나갔다.

불원복 태극기 70×70cm / 한지에 채색

전라남도 구례 일대에서 활약한 의병장 고광순이 일본군과 싸울 때 사용한 태극기이다. 그는 굳은 신념으로 '머지 않아 국권을 회복한다.'는 '불원복(不遠復)' 글자를 태극기에 써넣었다. '불원복'이라는 글자를 3가지 빨강색으로 표현해 보았다. 주황 계통의 빨강, 자주 계통의 빨강, 진달래색 계통의 빨강으로 표현하여 세월이 흐른 듯한 모습까지 표현하였다.

참고문헌

이기웅,『안중근 전쟁 끝나지 않았다』, 열화당, 2000

진기홍,『구. 한국시대의 우표와 우정』, 경문각, 1964

백광하,『太極旗』, 동양수리연구원출판부, 1965

백운곡,『태극기 그 원리와 비밀』, 생각하는 백성, 2006

백월,『易』, 황금나무, 2007

이인수,『대한민국의 건국』, 도서출판 촛불, 1995

신의섭,『우리 국기』, 한미문화사, 1952

국립박물관,『유길준과 개화의 꿈』, 조선일보사, 1994

문화재관리국,『궁중유물도록』, 1986

문화일보 · KBS,「백범 김구 겨레의 사랑」, 1995

안중근 의사 추모회, 《안중근》, 조선일보사, 2009

윤봉길 의사 기념사업회,『도록 윤봉길 의사』, 1992

방상훈,『이승만과 나라 세우기』, 조선일보사, 1995

우당기념관,『한국독립운동사』, 눈빛, 2005

齋藤 充功,『革命義事 安重根の原象』, 時事通信社, 1994

《The National Geographic Magazine》, 1993

《Flags of Maritme Nations》, 1882

독립기념관,『독립기념관 전시품 도록』, 2000

독립기념관,『독립기념관 전시품 도록』, 2002

국제보도연맹, 《Pictorial Korea》, 1951~1952

국제보도연맹, 《Pictorial Korea》, 1969

《The Heart of The Dragon》, Houghton Mifflim Company, 1985

최석로,『사진으로 보는 독립운동』(상 · 하), 서문당, 1988

민영기 · 우종욱,『天文學』, 형설출판사, 1987

문화재보호재단,『朝鮮王朝遺物圖錄』, 1993

국제보도연맹,『대한민국 10년사』, 1958

동아일보사,『民主革命의 記錄』, 1960

《Newton》, 계몽사, 2010

월간조선 · 조선일보사,『한국근대사 119대 사건』, 1993

국립국악원,『조선시대 · 진연 · 진찬 · 진하병풍』, 태학사, 2000

이현표,『우주를 품은 태극기』, 코러스, 2015

국립중앙박물관,『대한의 상징 태극기』, 2008

사진 제공

빛깔있는 책들 501-13

태극기

글·그림 | 나정태

초판 1쇄 인쇄 | 2016년 7월 22일
초판 1쇄 발행 | 2016년 7월 30일

발행인 | 김남석
발행처 | ㈜대원사
주　소 | 06342 서울시 강남구 양재대로 55길 37, 302
전　화 | (02)757-6711, 6717~9
팩시밀리 | (02)775-8043
등록번호 | 제3-191호
홈페이지 | http://www.daewonsa.co.kr

값 9,800원

ⓒ 나정태, 2016

Daewonsa Publishing Co., Ltd
Printed in Korea 2016

ISBN | 978-89-369-0283-4
　　　978-89-369-0000-7 (세트)

이 책의 국립중앙도서관 출판시 도서목록(CIP)은 e-CIP홈페이지(http://www.nl.go.kr/ecip)에서
이용하실 수 있습니다. (CIP제어번호 : CIP2016017486)

빛깔있는 책들

민속(분류번호:101)

고미술(분류번호:102)

불교 문화(분류번호:103)

음식 일반(분류번호:201)

건강 식품(분류번호:202)

즐거운 생활(분류번호:203)

건강 생활(분류번호:204)

한국의 자연(분류번호:301)

미술 일반(분류번호:401)

역사(분류번호:501)